不会聊天，就别说你懂销售

陈育婷 编著

吉林出版集团股份有限公司

版权所有　侵权必究

图书在版编目（CIP）数据

不会聊天，就别说你懂销售/陈育婷编著. -- 长春：吉林出版集团股份有限公司, 2019.1
ISBN 978-7-5581-6163-6

Ⅰ.①不… Ⅱ.①陈… Ⅲ.①销售 – 口才学 – 通俗读物 Ⅳ.① F713.3-49 ② H019-49

中国版本图书馆 CIP 数据核字（2019）第 005631 号

BU HUI LIAOTIAN, JIU BIE SHUO NI DONG XIAOSHOU
不会聊天，就别说你懂销售

编　　著：	陈育婷
出版策划：	孙　昶
项目统筹：	郝秋月
责任编辑：	侯　帅
装帧设计：	韩立强
封面供图：	摄图网
出　　版：	吉林出版集团股份有限公司
	（长春市福祉大路 5788 号，邮政编码：130118）
发　　行：	吉林出版集团译文图书经营有限公司
	（http://shop34896900.taobao.com）
电　　话：	总编办 0431-81629909　营销部 0431-81629880 / 81629900
印　　刷：	天津海德伟业印务有限公司
开　　本：	880mm×1230mm　1/32
印　　张：	6
字　　数：	124 千字
版　　次：	2019 年 1 月第 1 版
印　　次：	2019 年 7 月第 2 次印刷
书　　号：	ISBN 978-7-5581-6163-6
定　　价：	32.00 元

印装错误请与承印厂联系　　电话：022-82638777

前言

不懂聊天就做不好销售。消费者做出购买决定的时候，他的内心一定是被某种动机支配着，这种动机就叫作购买动机。购买动机是顾客的购买意愿和冲动，是驱使或引导顾客向着已定的购买目标去实现或完成购买活动的一种内在动力。它是购买行为的直接出发点。消费者正是在购买动机的支配下才会做出购买的决定。研究顾客的购买动机对销售工作的重要性，显而易见。

销售是一场心理博弈战，谁能够掌控顾客的心理，谁就能成为销售的王者！销售员不懂聊天，就犹如在茫茫的黑夜里行走，永远只能误打误撞。而优秀的销售员往往就像一位心理学家，最明白顾客的心声，善于了解顾客的真实想法，懂得运用最积极有效的心理影响力，让顾客觉得如果不从他里购买产品就会后悔。不管是潜移默化的影响、善意的引导、平等的交谈，还是巧妙的敦促，优秀的销售员总是能用自己的能力和魅力，为顾客搭建一个愉悦和谐的平台，让销售变得顺其自然。

但是打开顾客的心门，不是仅靠几句简单的陈述就能够实现的。顾客的消费心理需要引导，因为顾客所做出的任何购买行为都是由他的心理来决定的。这就要求销售员懂得察言、观色、攻心。只要学会观察,学会换位思考,销售员就能轻易地洞察顾客的心理,赢得顾客的信任,达到销售的目的。

世界权威销售培训师博恩·崔西曾明确指出,销售的成功与销售员对人心的把握有着密不可分的联系。在销售的过程中,恰当的心理策略能够帮助销售员取得成功。销售的最高境界不是把产品"推"出去,而是把顾客"引"进来!所谓"引"进来,就是让顾客主动来购买。掌握了聊天方法,你就可以判断出顾客的性格类型、洞察顾客的心理需求、突破顾客的心理防线、解除顾客的心理包袱、赢得顾客的心理认同,使顾客快速做出购买决定。

为什么顾客会对你的产品产生兴趣,并最终做出购买产品的决定?在这个过程中,顾客的内心是怎么想的?为什么顾客会相信你这个陌生人,接纳你的建议?为什么顾客会被你说服,改变了自己先前的看法,进而做出有益于你的决定?为什么你的顾客会变成别人的顾客,这其中顾客会有一个怎样的心理变化过程……这些问题都是销售中要解决的心理问题。顾客所做出的任何购买行为都是由他的心理来决定的,如果你可以洞察并影响顾客心理的话,就可以引领顾客的行为朝你期望的方向前进,进而最终实现自己的销售目的。所以,每一位销售员要想让销售获得成功,就得研究顾客的心理,寻找顾客的心理突破点。

本书从消费者的心理分析、如何抓住消费者的心理需求、销售中的心理策略等方面入手深入浅出地讲述了如何有效地与顾客进行聊天，并汇集了大量相关的销售实战案例，旨在通过这些案例来揭示现实销售活动中的心理规律，让你能够轻松掌握并应对顾客的心理变化，赢得顾客的心理认同，提升你的销售业绩，成为销售高手。

目录

第一章 谈生意前先暖场：距离近了，话就好说了

给客户留下深刻印象的开场白 /2

引导顾客了解市场，改变顾客对自己的"奸商"评价 /4

对于表情冷淡的顾客，要用真情去感化 /7

天下客户都一样，四大效应让你轻松赢得客户好感 /9

触动客户的心弦，先做朋友后做生意 /14

第二章 投石问路：一个有效提问，可以敲开客户大门

善于提出好的问题 /20

恰到好处地发问 /24

巧妙提问探寻客户的真正需求 /27

迂回提问消除对方的戒备之心 /31

巧妙提问胜于一味讲述 /33

第三章　循循善诱：把好处说透，把益处说够

客户只关注能给自己带来好处的产品 / 38

在介绍产品时，将客户引入"催眠"过程 / 44

利用"剧场效应"，将消费者带入剧情之中 / 47

全面"催眠"包围客户的感觉，让其立刻购买 / 50

虚拟未来事件，让客户进入海市蜃楼一般的幻境 / 53

第四章　投其所好：欲要客户听，说话要动听

表达关切，增进彼此好感 / 58

多叫几次对方名字可增进亲近感 / 62

换位思考，使对方感受到被关切之情 / 65

四大妙计应对难以应付的客户 / 68

用幽默来融化客户的坚冰 / 71

巧妙拒绝对方的艺术 / 73

第五章　因人而谈：认清对象说对话，对症下药好推销

不给反复无常型客户退路 /78

多肯定理性型客户的观点 /80

让迟疑的客户产生紧迫感 /83

让墨守成规型客户看到实用价值 /85

给内向型客户信赖和可靠感 /88

不对随和型客户狂轰滥炸 /92

第六章　把话说到点子上：有话说到明处，有药敷在痛处

切中客户追求的自我重要感 /96

透露价值的冰山一角，激发客户的好奇心 /99

把话说到点子上，刺激客户的购买欲 /101

抓住最能令客户心动的卖点，并无限扩大 /102

给客户制造"失落感"，让他们有渴望购买的冲动 /105

第七章 挡住借口：让客户从说"不"到说"是"

客户嫌贵时怎么办 /110

客户心存疑虑怎么办 /112

以过硬的专业知识赢得信任 /116

化僵局为妙棋的心理对策 /119

让"反对问题"成为卖点 /122

第八章 把握谈判主动权：讨价还价巧接招，是贵是贱由你说了算

衡量对方期望值，在行家面前报价不可太高 /128

学会冷静，请对方先亮出底牌 /130

给客户"一分价钱一分货"的实在感 /132

吹毛求疵，步步紧逼迫使对方让步 /136

应对客户的讨价还价 /139

第九章 巧言释疑:打消客户疑虑,把客户的异议变成满意

不要故弄玄虚,要用客户听得懂的语言介绍产品 /144

通过真诚的追问,逐步弄清并打消客户的疑虑 /148

给客户安全感,让客户没有后顾之忧 /151

把握客户之间的微妙心理博弈 /155

淡化功利的目的性,才能让客户愿意接近你 /157

用精确的数字让客户对你产生权威的感觉 /160

第十章 善言更要善听:用80%的时间来听,用20%的时间来说

在对话中判断对方性格 /166

百般辨别,看透"石头"顾客 /170

读懂客户的肢体语言 /172

洞穿客户的隐含期望 /175

不懂换位思考,死缠烂打只会令人厌烦 /177

第一章
谈生意前先暖场：距离近了，话就好说了

给客户留下深刻印象的开场白

开场白或者问候语是公司人员与客户进行电话沟通时前 30 秒钟要说的话,也就是要说的第一句话。这可以说是客户对电话销售人员的第一印象。虽然我们经常说不要以第一印象来评判一个人,但我们的客户却经常用第一印象来对个人乃至整个公司进行评价。如果说对于大型的商务合作项目来说,第一印象相对而言并不那么重要的话,那么在电话营销中,第一印象则是决定这个电话能否进行下去的一个关键因素。

开场白一般来讲包括以下 5 个部分:问候/自我介绍;相关人或物的说明(如果可能的话);介绍打电话目的(突出价值,吸引对方);确认对方的时间的可行性(可选);转向探测需求(以问题结束)。

许多人一拿起话筒便抛出一句惯常的问候语:"你好!"如果是日常交谈这样开始还可以,但是如果你想给对方留下深刻而持久的印象,那你就必须避免老套,要独出心裁。

对于电话营销人员来说,组织出能给客户留下深刻印象的开场白显得尤为重要。你可以用磁带录下自己一天当中所打电话的开场白,然后判断一下,你是否听起来和其他的营销人员或电话中拉生意者没什么区别。如果是这样的话,你一定要学会独出心裁,特别要注意开场白部分。

不妥的开场白:"德尔太太,您好!我是凯伦·李,我代表'母亲反酒后驾车'机构向您致电,您是否有意捐助我们的事业?"

成功的开场白:"德尔太太,我是凯伦·李,为了您和您的孩子,我们'母亲反酒后驾车'机构致力于把公路变得安全,我们需要您的帮助。"

区别在哪里呢?成功的开场白迅速使对方明白他们是这项事业的受益者,并使他们参与进来。开场白要达到的主要目标就是吸引对方的注意,引起他的兴趣,以使他乐于与营销人员在电话中继续交流。所以,在开场白中陈述价值就显得很重要。所谓价值,就是要让客户明白电话营销人员在某些方面是可以帮助他的。

研究发现,再没有比价值更能吸引客户注意力的东西了。陈述价值并不是一件容易的事情,电话营销人员不仅要对其所销售产品或服务的普遍价值有研究,还要研究对这个客户而言,产品或服务的价值在哪里。因为同一产品和服务对不同的人,价值体现是不同的。

另外,吸引对方注意力的办法还有:陈述本企业的与众不同之处,如"最大""唯一"等。

谈及刚服务过的其他客户,如"最近我们刚刚为×××提供过销售培训服务,他们对服务很满意,所以,我觉得可能对您也有帮助"。

谈对方所熟悉的话题，如"最近我在报纸上看到一篇您写的文章"。

赞美对方，如"我听您同事讲您在××领域很有研究，所以，也想同您交流一下"。

引起对方对某些事情的共鸣，如"很多人都认为电话营销是一种有效的销售方式，不知您如何看"（假如知道对方也认同这一点的话）。

如果打电话给对方时，对方可能正在处理重要的事，抽不开身而请别人代劳，此时你的第一句话就要先致歉，因为你的打扰而使他工作中断，看似小事，却是人际关系融洽的重要一句。一声亲切的问候会使人际关系获得改善，也会让对方觉得受到重视而心情开朗。在电话中的交谈也是如此，一拿起电话筒听到的是清脆愉悦的"早安"问候语，尽管说者无意，但听者仍然有如沐春风的感觉。

引导顾客了解市场，改变顾客对自己的"奸商"评价

顾客："我说我想要原来的那一款，你总是向我推荐我没有仔细研究的款式，而且似乎总是高端的产品，莫非你打算从中赚取差价？嗯……你是奸商吗？"

销售人员："……"

"嗯……你是奸商吗？"这句话很冷很直接，足以使场面陷入十足的尴尬。不可否认，在转变顾客需求的过程中，经常会遇到顾客提出这个问题的情况，这是顾客对销售人员极度不信任的表现。但归根结底，这是销售人员没能成功向顾客普及新产品知识和市场情况的结果，没能打消顾客的疑虑所致。

很多时候，转变顾客需求会变得非常麻烦，尤其是遇到心存疑虑、态度又比较坚决的"心重"型顾客的时候，这时你就不能一味地围绕着证明自己的"非奸商"身份的话题来展开，否则会"越描越黑"。

顾客存有这种疑虑很正常，因为有很多顾客在走进卖场前，就已经认真了解了自己想要的产品的大致价格范围，甚至确定了具体型号。而当自己非常熟悉的产品因为各种原因无法买到时，顾客已经比较焦虑，此时加上销售人员对顾客预定产品的贬低和对新产品的抬高，顾客难免会有怀疑销售人员动机的想法。这个时候，销售人员必须尽快让顾客认识到新产品的市场情况，让顾客认识到这种产品在其他卖场中的报价和服务，以及同类产品的报价等情况，从而打消顾客疑虑，重新取得顾客的信任。

销售人员可以按照以下模板灵活应对顾客：

"这位大哥，您的想法很有必要，毕竟现在市场上确实有一些不良销售人员借机欺诈顾客，但那些销售人员都是没有固定店铺、游走于电器城的闲散人员。咱们这家家电卖场是正规的大公司，我们这些销售人员都是经过公司正规培训的，我们始终以信誉为本，您放心就是啦！此外您要购买的产品由于市场销量不是很好，大部分卖场库存都不多，因此在市场上不好买到。我之所以向您推荐另一款产品，并不是说我能从其中多赚多少钱，不信您可以从我们卖场的联网电脑上查询一下其他卖场的价格情况。作为一名销售人员，为您提供满意且高效的服务，从而节省您宝贵的时间和金钱，这是我们不可推卸的责任。此外，拥有和您原来想购买的产品一样的功能甚至比那款产品性能还好的有好几款产品，这些产品有很多都针对原有产品性能的缺陷进行了改进，从而让您的生活更加安心，比如这款 D 型号的产品，就比原来那款节能。"

顾客："哦，这样啊。我就是害怕被奸商骗了。上次在一座数码大厦里，我就被一个销售人员骗了好几百，我都成惊弓之鸟了。那你给我介绍一下这个新产品吧，我看看是不是如你所说的那样。"

（这时候，顾客重新被吸引，销售人员就可以进行专业解说了。）

应对顾客的怀疑，你不仅要以各种方式"还自己的清白"，更要以顾客为中心，普及新产品的优势和市场状况，让顾客了解市场，消除心中的疑虑。

对于表情冷淡的顾客,要用真情去感化

正值家电卖场淡季,一位表情严肃的顾客走进某家电销售专区。

销售人员小赵:"先生您好!欢迎光临××家电大卖场,我们正在搞淡季大促销活动,请问您想购买什么家电?"

顾客看都没看小赵一眼,径自走进家电卖场。

小赵有些尴尬,然后就在距顾客4米远处不时观察着顾客。

顾客看了一会儿,摸了摸一款数码摄像机。

销售人员小赵忙上前去:"您要购买相机啊,这款相机正值厂家促销,是今年柯达公司力推的主力机型,像素1200万,防抖功能很好……"

"哦!我随便看看。"顾客打断了小赵的介绍。

过了几分钟,顾客什么也没说就走出了家电卖场。

销售人员笑颜以对,顾客却毫无反应,一言不发或冷冷回答一句"我随便看看",这种场面着实非常尴尬。这类顾客对销售人员的冷淡往往是出于情感上的警戒,要化解这种警戒,销售人员应该从顾客行为中尝试分析顾客类型,然后利用情感感化法朝着有利于活跃气氛和购买的方向引导。

作为销售人员,其实我们每天都能遇到这样的顾客,冷冰冰地进来,对你爱搭不理,顶多甩给你一句"我随便看看",场面比较尴尬,让你不知道如何是好。其实,这些类型的顾客不外乎

以下3种情形：

一是对要买的产品比较熟悉，没必要让销售人员介绍，自己看就行了，顶多讨价还价和支付的时候需要销售人员；二是顾客只是来收集一下所要购买产品的信息，比如要购买的产品到底是什么样子的，各家卖场报价是多少等各种对比信息；还有一种就是随便逛逛，看着玩。因此，针对不同的顾客，销售人员应该采取不同的方法来接近，而不是只用一种方法。

很明显，"没关系，您随便看看吧，需要什么帮助叫我就行"之类的话是错误的，因为销售人员没有主动去顺势引导顾客需求，从而减少了顾客购买产品的可能性。

此外，顾客对销售人员都有戒备心理，生怕刚来就中了销售人员的圈套，因此他们都对销售人员有着非常消极的看法。作为销售人员，你可以尝试从以下几个方面接近顾客：

一是找好接近顾客的时机。这个时机往往不是在顾客刚进店的时候，而是在顾客浏览商品时对其中一件比较感兴趣的时候，此时你可以根据顾客感兴趣的商品，大致联想出顾客想要什么类型的商品，因势利导，成功率往往会比较高。

二是在顾客挑选商品的过程中，不要像盯贼似的跟着顾客，更不要顾客跑到哪里销售人员就跟到哪里；不要问一些无关痛痒的话题，比如"需要帮助吗"等一些惹人烦的问题。

三是在一段时间后要尝试积极引导顾客。如果再次询问顾客时，顾客还是回答"我随便看看"，销售人员就要尽量朝着有利于活跃气氛的方向引导。

另外，销售人员可以按照如下模板灵活应对顾客："没关系，呵呵，现在买不买无所谓，在购买之前一定要了解一下产品，做一些对比，才能买到心满意足的产品。这个行业我做了3年啦，我给您介绍一下这些家电吧！"（以专业人士的身份介入。）

面对冷淡型顾客，销售人员的信心常会被对方冰冷的口气摧毁，或者被对方的沉默不语给打垮，其销售热情也会降到零点。其实顾客冰冷的口气并不代表顾客是个毫无情感的人，销售人员需要做的就是用情感去感化他们。

天下客户都一样，四大效应让你轻松赢得客户好感

作为销售人员，我们总会遇到各种各样的客户，最大的问题就是如何让客户接受我们并愿意与我们进一步接触。

一、移情效应

"爱人者，兼其屋上之乌"，心理学中把这种对特定对象的情感迁移到与其相关的人、事、物上来的现象称为"移情效应"。

移情效应表现为人、物和事情上，即以人为情感对象而迁移到相关事物的效应或以物、事为情感对象而迁移到相关人的效应。据说蹴鞠（足球）是高俅发明的，他的球踢得好，皇帝从喜

爱足球到喜爱高俅，于是高俅成了皇帝的宠臣。而生活中的"以舞会友""以文会友"等很多活动都是通过共同的爱好而使不相识的人建立了友谊，这些都是移情效应的表现。

销售人员在与客户打交道的过程中，这种移情效应的巧妙应用会大大增加交易成功的概率。

拉堤埃是欧洲空中汽车公司的推销员，他想打开印度市场，但当他打电话给拥有决策权的拉尔将军时，对方的反应却十分冷淡，根本不愿意会面。经过拉堤埃的强烈要求，拉尔将军才不得不答应给他10分钟的时间。

会面刚开始，拉堤埃便告诉拉尔将军，他出生在印度。拉堤埃又提起自己小时候印度人对自己的照顾，和自己对印度的热爱，使拉尔将军对他生出好感。之后，拉堤埃拿出了一张颜色已经泛黄的合影照片，恭敬地拿给将军看。那是他小时候偶然与甘地的一张合影。于是，拉尔将军对印度和甘地的深厚感情，便自然地转到了拉堤埃身上。毫无疑问，最后生意也成交了。

移情效应是一种心理定式。正所谓"七情六欲"是人的本性，所以人和人之间最容易产生情感方面的好恶，并由此产生移情效应。洞悉人性，把握人性，要迈出销售第一步，就应该像拉堤埃一样懂得这一点。

二、喜好原理

人们总是愿意答应自己认识和喜欢的人提出的要求。而与自己有着相似点的人、让我们产生愉悦感的人，通常会是我们喜欢的人。这就是喜好原理。

不怕客户有原则，就怕客户没爱好。销售员可以从下面5个方面发觉自己对别人与客户的相似度：

1. 打造迷人的外表吸引力。一个人的仪表、谈吐和举止，在很大程度上决定了其在对方心目中是否能受到欢迎。

2. 迅速寻找彼此的相似性。物以类聚，有着相同兴趣、爱好、观点、个性、背景，甚至穿着的人们，更容易产生亲近感。

3. 想办法与目标对象接触。人们总是对接触过的事物更有好感，而对熟悉的东西更是有着特别的偏爱。

4. 制造与美好事物的关联。如果我们与好的或是坏的事情联系在一起，会影响到我们在旁人心中的形象。

5. 毫不吝惜你的赞美之词。发自内心的称赞，更会激发人们的热情和自信。

喜好原理的关键是获得他人的好感，进一步建立友谊。在中国，将喜好原理用得炉火纯青的就是保险公司了。他们还总结提炼了"五同"，即同学、同乡、同事、同窗以及同姓。总之，只要可以联系上的都可以展开销售的动作，因为这有利于建立关系，达成交易。

三、自己人效应

19世纪末欧洲最杰出的艺术家之一的温森特·凡·高，曾在博里纳日做过一段时间的牧师。那是个产煤的矿区，几乎所有的男人都下矿井。他们工作危险，收入微薄。凡·高被临时任命为该地的福音传教士，他找了峡谷最下头的一所大房子，和村民一起在房子里用煤渣烧起了炉子，以免房子里太寒冷。之后，凡·高开始布道。渐渐地，博里纳日人脸上的忧郁神情消退了，他的布道受到了人们的普遍欢迎。作为普通的牧师，他似乎已经得到了这些满脸煤黑的人们的充分认可。

可是为什么呢？凡·高百思不得其解。突然脑海中闪过一个念头，他跑到镜子前，看见自己前额的皱纹里、眼皮上、面颊两边和圆圆的大下巴上，都沾着万千石山上的黑煤灰。"当然！"他大声说，"我找到了他们对我认可的原因，因为我终于成了他们的自己人了！"

一个人，一旦认为对方是"自己人"，则从内心更加接受，不自觉地会对其另眼相待。

在生活中，"自己人效应"很是普遍。举一个很简单的例子：本专业的教师向大学生介绍一种工作和学习的方法，学生比较容易接受和掌握；若其他专业的教师向他们介绍这些方法，学生就不容易接受。

销售员要想得到客户的信任，想办法让对方把自己视为"自己人"，这无疑是一条捷径。

四、兴趣效应

人与人在交往的过程中，常常会出现"惺惺相惜"的情况，社会心理学认为，共同的兴趣是"相见恨晚"的重要因素。

高珊是一名自然食品公司的推销员。一天，高珊还是一如往常，登门拜访客户。当她把芦荟精的功能、效用告诉客户后，对方表示没有多大兴趣。当她准备向对方告辞时，突然看到阳台上摆着一盆美丽的盆栽，上面种着紫色的植物。于是，高珊好奇地请教对方说："好漂亮的盆栽啊！平常似乎很少见到。"

"确实很罕见。这种植物叫嘉德里亚，属于兰花的一种，它的美，在于那种优雅的风情。"

"的确如此。一定很贵吧？"

"当然了，这盆盆栽要800元呢！"

高珊心里想："芦荟精也是800元，大概有希望成交。"于是她开始有意识地把话题转入重点。

这位家庭主妇觉得高珊真是有心人，于是开始倾其所知传授所有关于兰花的学问。等客户谈得差不多了，高珊趁机推销产品："太太，您这么喜欢兰花，一定对植物很有研究。我们的自然食品正是从植物里提取的精华，是纯粹的绿色食品。太太，今天就当作买一盆兰花，把自然食品买下来吧！"

结果这位太太竟爽快地答应了。她一边打开钱包，一边还说："即使是我丈夫，也不愿听我絮絮叨叨讲这么多，而你却愿意听我说，甚至能够理解我这番话，希望改天再来听我谈兰花，好吗？"

客户的兴趣是销售员成功实现销售的重要的突破口。志趣相投的人是很容易熟识并建立起融洽的关系的。如果销售员能够主动去迎合客户的兴趣，谈论一些客户喜欢的事情或人物，把客户吸引过来,当客户对你产生好感的时候,购买你的商品也就是水到渠成的事情了。

触动客户的心弦,先做朋友后做生意

吉姆是一位非常忙碌而且非常反感推销员的油桶制造商,一天,保险推销员威廉带着朋友的介绍卡,来到了吉姆的办公室。

"吉姆先生,您早!我是人寿保险公司的威廉。我想您大概认识皮尔先生吧!"

威廉一边说话,一边递上自己的名片和皮尔的亲笔介绍卡。

吉姆看了看介绍卡和名片,丢在桌子上,以不甚友好的口气对威廉说:"又是一位保险推销员!"

吉姆不等威廉说话,便不耐烦地继续说:"你是我今天所见到的第3位推销员,你看到我桌子上堆了多少文件吗?要是我整天坐这里听你们推销员吹牛,什么事情也别想办了,所以我求你帮帮忙,不要再做无谓的推销了,我实在没有时间跟你谈什么保险!"

威廉不慌不忙地说:"您放心,我只占用您一会儿的时间就走,我来这里只是希望认识您。如果可能的话,想跟您约个时间明天碰个面,再过一两天也可以,您看早上还是下午好呢?我们的见面大约20分钟就够了。"

吉姆很不客气地说："我再告诉你一次，我没有时间接见你们这些推销员！"

威廉并没有告辞，也没有说什么。他知道，要和吉姆继续谈下去，必须得想想办法才行。于是他弯下腰很有兴趣地观看摆在吉姆办公室地板上的一些产品，然后问道："吉姆先生，这都是贵公司的产品吗？"

"不错。"吉姆冷冰冰地说。

威廉又看了一会儿，问道："吉姆先生，您在这个行业干了有多长时间啦？"

"哦……大概有×年了！"吉姆的态度有所缓和。

威廉接着又问："您当初是怎么进入这一行的呢？"

吉姆放下手中的公事，靠着椅子靠背，脸上开始露出不那么严肃的表情，对威廉说："说来话长了，我17岁时就进了约翰·杜维公司，那时真是为他们卖命似的工作了10年，可是到头来只不过混到一个部门主管，还得看别人的脸色行事，所以我下了狠心，想办法自己创业。"

威廉又问道："请问您是宾州人吗？"

吉姆这时已完全没有生气和不耐烦了，他告诉威廉自己并不是宾州人，而是一个瑞士人。听说是一个外国移民，威廉吃惊地问吉姆："那真是更不简单了，我猜想您很小就移民来到美国了，是吗？"

这时的吉姆脸上竟出现了笑容，自豪地对威廉说："我 14 岁就离开瑞士，先在德国待了一段时间，然后决定到新大陆来打天下。"

"真是一个精彩的传奇故事，我猜您要建立这么大的一座工厂，当初一定筹措了不少资本吧？"

吉姆微笑着继续说："资本？哪里来的资本！我当初开创事业的时候，口袋里只有 300 美元，但是令人高兴的是，这个公司目前已整整有 30 万美元的资本了。"

威廉又看了看地上的产品道："我想，要做这种油桶，一定要靠特别的技术，要是能看看工厂里的生产过程一定很有趣。您能否带我看一下您的工厂呢？"

"没问题。"

吉姆此时再也不提他是如何如何的忙，他一手搭在威廉的肩上，兴致勃勃地带着他参观了他的油桶生产工厂。

威廉用热诚和特殊的谈话方式，化解了这个讨厌推销员的瑞士人的冷漠和拒绝。可以想象等他们参观完工厂以后，吉姆再也不会拒绝和这位推销员谈话了，只要谈话一开始，威廉就已经成功了一半。

事实上，他们在第一次见面之后，就成了一对好朋友。自那以后的 16 年里，威廉陆续向吉姆和他的 6 个儿子卖了 19 份保单。此外，威廉还跟这家公司的其他人员也建立起了非常好的友谊，从而扩大了他的推销范围。

在推销过程中，遇到客户的拒绝在所难免，这时候，推销员要能发挥自己卓越的沟通能力，尽力地鼓励和关心客户，使客户感到温馨，化解客户的"反推销"心理，进而把你当成知心朋友。这对你的推销工作会起到积极的作用，同时这也是关系营销建立的一种方式。这个案例就是一个典型的与客户先做朋友后做生意的实战案例。

保险推销员威廉带着朋友的介绍卡去拜访客户，但仍然被客户毫不客气地拒绝了。熟人介绍也是一种作用于客户右脑的策略，但对态度强硬的客户没有发挥作用。对一般推销员来说，在顾客毫不客气地拒绝之后，很可能就失望地告辞了，但威廉却没有，接下来，他充分发挥了自己左右脑的功能。

"吉姆先生，这都是贵公司的产品吗？""您在这个行业干了有多长时间啦？""您当初是怎么进入这一行的呢？"这一系列感性的提问，让谈话从客户自己的职业开始，这是打开客户话匣子的万能钥匙。因为所有的成功人士都会对自己当初的选择和使他成功的一些事沾沾自喜，当你把话题转到这里，而他又不是正在火头上的话，一定会告诉你他的发家史。话题由此逐步打开，客户开始时的思维也会由左脑的理性转移到右脑的感性。

果然，威廉的右脑策略成功了，在接下来的交谈中，威廉利用自己出色的沟通能力和右脑的逻辑思维能力，把客户的思维始终控制在右脑的使用上，最终不但与客户成了好朋友，还获得了多份保单。

可见，与潜在客户做朋友是开拓客户的一种有效途径，当在推销时遇到类似客户时，我们不妨运用左右脑销售博弈的智慧与他先成为朋友，然后生意自然也就水到渠成了。

第二章
投石问路：一个有效提问，可以敲开客户大门

善于提出好的问题

销售心理学一点通：对成功者与不成功者最主要的判断依据是什么呢？一言以蔽之，那就是成功者善于提出好的问题，从而得到好的答案。

迈克："史蒂芬先生，我是迈克，在分销服务公司工作。"

史蒂芬："非常抱歉，我不从分销商那里购买商品。我认为我们没有什么要谈的。"

迈克："史蒂芬先生，我知道您从直接销售商那里购买，但是既然我已经给您打通了电话，您是否介意告诉我一些事情？"

史蒂芬："你想知道什么呢？"

迈克："您怎样处理在货架上滞留了很长一段时间的销售缓慢的商品？"

史蒂芬："没有发生过这样的事情。我只订购了我想要销售的商品。"

迈克："那客户退还的物品呢？"

史蒂芬："如果是有缺陷的物品，我们就再包装好返还给制造商。"

迈克："我猜想您是通过邮件或电话来联系需要补充的存货，

是吗?"

史蒂芬:"是的。"

迈克:"史蒂芬先生,您现在怎样监管您的投资?"

史蒂芬:"我一年进行一次全面的投资,一个月更改一次投资方案。当然,我每天也注意货价的情况。"

迈克:"所有这些占用了您和您员工的很多时间吗?我的意思是订购、包装、从不同货源运来的货船上卸货和投资等。"

史蒂芬:"不完全符合实际情况。我们做了多年业务,仍然在经营,所以我认为业务运行不错。"

迈克:"您曾经因为您没有客户想要的物品而错过营销的机会吗?"

史蒂芬:"确实存在这样的情况,我想一段时间就会出现一次。每个人都会碰到这样的情况,不是吗?"

(史蒂芬先生回答的最后一个问题,使迈克怀疑"一段时间有一次"不符合实际情况,现实要比他所说的严重很多,并且降低了很多利润率。这可以看作是在间接表达需求,并促使史蒂芬先生提出能够解决这一问题的可能性。)

迈克:"史蒂芬先生,如果您的存货太多,使得资金周转不足而错过很多销售业务,并且如果您可以从一个货源每日订购货物——所有这些都需要您和您的员工付出劳动——您肯定想知道更多这方面的东西,是吗?"

史蒂芬:"是的,我认为也是这样。"

（史蒂芬先生的最后陈述是解释问题的答案，可以看作一项协议。这是史蒂芬先生和分销商营销人员之间关系的转折点。最后，他还是承认他想知道开展业务的更多可选方案。现在迈克会很自然地接着阐述利益并要求一个详谈的预约。）

迈克："史蒂芬先生，我们从其他与您相似的商店得出的经验显示，可以使用计算机控制系统来安排存货，这个系统确保手边的存货正好满足客户的需求。我们的计算机系统可以帮助您保留投资记录，确保您供需的最佳平衡。如果一件商品的存货不足，我们会保证价格不变。这样做的结果是投资可以达到利润最大化，完全不会出现供货不足或存货过多。所有这些并不需要您和您的员工付出很多。我很高兴您的商店会在评价产品销售前景和利润预测上具有更多的优势。明天上午9点钟或者下午1点钟，我们能否坐在一起好好谈谈？"

史蒂芬："那就明天下午1点吧。"

开始销售前了解客户的需求非常重要。只有了解了客户的需求后，你才可以根据需求的类别和大小判定眼前的客户是不是潜在客户，值不值得销售。如果不是自己的潜在客户，就应该考虑是否还有必要再谈下去。不了解客户的需求，好比在黑暗中走路，既白费力气又看不到结果。

安东尼·罗宾说过："对成功者与不成功者最主要的判断依据是什么呢？一言以蔽之，那就是成功者善于提出好的问题，从而得到好的答案。"

通过恰当的提问,销售人员可以从客户那里了解更充分的信息,从而对客户的实际需求进行更准确的把握。当推销人员针对客户需求提出问题时,客户会感到自己是对方注意的中心,他(她)会在感到受关注、被尊重的同时更积极地参与到谈话中来。

主动提出问题可以使推销人员更好地控制谈判的细节以及今后与客户进行沟通的总体方向。那些经验丰富的推销人员总是能够利用有针对性的提问来逐步实现自己的推销目的,并且还可以通过巧妙的提问来获得继续与客户保持友好关系的机会。

要想做到有效提问,需要注意以下几点:

先了解客户的需求层次,然后询问具体要求。了解客户的需求层次以后,就可以把提出的问题缩小到某个范围之内,从而易于了解客户的具体需求。如客户的需求层次仅处于低级阶段,即生理需要阶段,那么他对产品的关心多集中于经济耐用上。

提问应表述明确,避免使用含糊不清或模棱两可的问句,以免让客户误解。

提出的问题应尽量具体,做到有的放矢,切不可漫无边际、泛泛而谈。针对不同的客户提出不同的问题。

提出的问题应突出重点。必须设计适当的问题,诱使客户谈论既定的问题,从中获取有价值的信息,把客户的注意力集中于他所希望解决的问题上,缩短成交距离。

提出问题应全面考虑,迂回出击,切不可直言不讳,避免出语伤人。

洽谈时用肯定句提问。在开始洽谈时用肯定的语气提出一个令客户感到惊讶的问题,是引起客户注意和兴趣的可靠办法。

询问客户时要从一般性的事情开始,然后慢慢深入下去。

恰到好处地发问

销售心理学一点通:要成为成功的销售员,必须学会如何设计你的提问,让巧妙的提问有效地帮助你洞察消费者的需求,获得对你有利的信息。

我们在进行销售的过程中,与顾客交流时所要取得的首要信息就是顾客的需求,从而迅速揣测与该客户达成交易的可能性。在面对这一问题时,我们不少销售员常常习惯于凭借自己的经验主观判断我们所面对的客户,最终却可能因错误地判断客户的需求与偏好,而丧失交易机会。

有销售大师总结,要想获得顾客需求信息,最好的方式就是提问。提问是发现需求的好方法,销售员要想评估对于新顾客是否存在销售机会,以及他们的购买动机是什么等,都需要通过恰当的提问来完成。

要想得到你需要的回答,需要提升你提问的技巧。得当的提问可以帮助你处理好与顾客的交易,推动销售的进程。但是如果运用得不好，也可能破坏会谈。太多的问题容易让顾客感到被信息塞满了头脑，过于咄咄逼人的问题也会让顾客感到像在受审。

因此，要成为成功的销售员，必须学会如何设计你的提问，让巧妙的提问有效地帮助你洞察消费者的需求，获得对你有利的信息。同时，我们也应当注意避免不当的提问给销售带来不必要的麻烦。

顾客：你们还有同类产品吗？

销售员：当然有！（兴奋不已，心想成交了。）

顾客：有多少？

销售员：多得很，因为大家都喜欢买这种机型。

顾客：太可惜了，我喜欢独一无二的产品。

这就是不合适的提问带来的负面效果。那么，我们若是在实际销售中遇到这一情况，应当如何进行适当的提问呢？

顾客：你们还有同类产品吗？

销售员：您为什么会问这个问题呢？

顾客：我想知道你们到底有多少同类产品。

销售员：这样啊，您为什么会关心这个问题呢？

顾客：我喜欢独一无二的产品。

在合适的提问下，销售员获得了关于顾客需求的准确信息，这样也就能够灵活处理问题，采取相应办法回应。

再比如，当顾客提出"价格太高"时，销售员常见的反应往往是"价格是高了点，不过当你考虑其他优点时，真的会发现价格其实很合理"。但如果试试用恰当的提问来代替，你或许会收到不一样的效果。

顾客：价格太高了。

销售员：所以呢？

顾客：所以我们得说服公司，要先得到某些人的支持。

很多你觉得难以回答的问题，可以试着问问顾客："你觉得解决这个问题最好的处理方式是什么？"让顾客自己解决自己提出的问题，这会比你通过揣测其心思而做出的解答更为中其下怀。

要设计出成功的提问，有几个方面必须注意：

1. 记住用提问为自己争取控制权

只要不犯错误，提问会使你处于强势，建立你在销售说服过程中的主动权与控制权。无论提问使你感到多么拘谨，但要想推动你所进行的销售交流，不要忘记适时让"提问"来帮忙。

2. 通过提问来回答问题

顾客常常会提出一些难以回答的问题，通过反问我们常常可以巧妙地化险为夷，把问题还给顾客，同时获取更多的有利信息。例如，当顾客问"你的产品有什么其他产品不具备的优势吗"，你不用直接解释产品的特征和长处，而可以问他："你对我们的产品很熟悉吗？"通过这个问题，你能了解他仅仅是想了解更多信息，还是在挑战你的方案，这将指引你做出相应的回答。

3. 提问后适当保持沉默

如果你希望对方很快地回答问题，在你主动提问后，最好立刻住口。交谈中的短暂沉默会创造一种自然真空,这种真空会自动把责任放在回答问题的人身上。或许大多数的销售员对于交谈中的沉默觉得非常不舒服,而习惯于主动打破沉默。但你必须要克制这种情绪,如果你不打破沉默的话,你的顾客将会提供给你有价值的信息。

巧妙提问探寻客户的真正需求

销售心理学一点通:在与客户的沟通中,我们要养成善于向客户提问的习惯,这样,我们便可以与客户进行互动交流,也使我们更清楚客户的真正需求是什么,最终达成双赢。

探寻客户的需求是所有销售阶段最重要的环节。只有真正明确客户的需求,才能做到有的放矢,成功销售。在电话沟通中,我们可以通过巧妙的提问来探寻客户的需求。

1. 提出问题的方式

按照提问的形式,问题可分为开放式问题和封闭式问题。

(1) 开放式问题

开放式问题是由什么:"哪里""告诉""什么时候""怎样""为什么""谈谈"等词来提问。例如:

您如何评价现在的电脑系统?

您对未来的电脑系统有什么构想？

您公司的发展方向是什么？

您为什么会对现有的系统不满意呢？

您准备用什么方法来解决呢？

您最喜欢 A 品牌的哪些方面呢？

开放式问题可减少问问题的个数，引导客户谈话。例如："那您准备如何解决这个问题？""您刚才谈到耐用性很重要，具体是指什么呢？"

（2）封闭式问题

封闭式问题以"能否""是否""可否""多少""会不会""哪里""谁"和"哪一个"之类的词开头。所有封闭式问题都可以用"是""否"或相对简单的陈述来回答。

既然通过开放式问题可以获得更多的信息，那么你可能在想：难道销售人员不会自然而然地问开放式问题吗？不幸的是，他们不会。尽管大多数销售人员知道"开放式问题"这一概念，但是很少有人能够灵活地运用它。

当你在询问问题的时候，你可以全盘控制谈话，你总能建设性而不失礼貌地把谈话引向主题。因此，有时你或许不得不问一些封闭式问题，例如："你近来有没有听相关销售培训课程的计划"？

列出你在电话沟通时通常会问的问题，然后看看是不是值得把一些封闭式问题改成开放式问题。下面是专家们在销售面谈时常问的问题：

"批准购买的程序是什么样的?"

"贵公司提高产出的日程表是怎样的?"

"如果就您目前的情形设计一个理想的解决方案,那应该是什么样的?"

"请您告诉我,您的窗口小部件的制造程序是什么?"

一旦你从对方那里收集了信息,接下来你要围绕发现的需求,评论和解释你的产品或服务。

2. 提问时应注意技巧

(1) 反问

这一点适合于当客户问到一个我们并不太清楚的问题时,例如:"你如何看待今年的计算机行业的发展?"如果我们知道,则可以很专业地与他交流,但如果我们不知道,就说:"真对不起,这一点我不知道。"这样的话,我们的专业形象将会受到影响。

所以,遇到这类情况,我们不妨反问对方:"陈经理,听您这样讲,我想您对这一方面肯定有很深的研究,您认为会是什么呢?"类似这样的情况,在电话沟通中很普遍。

再举个例子,当客户问:"它能达到什么效果?"如果这个效果并不能很清楚地在电话中向他讲明白,营销人员可问:"陈经理,我知道您对效果很关心,那您希望达到一个什么效果?"这就像是在打太极拳,有时候需要圆滑一些。

(2) 纵深提问

利用客户提到的问题,往深处问,深挖他的需求和内心真正的想法。例如，客户说："我喜欢国际管理咨询公司。"销售人员可以问："我知道您喜欢国际管理咨询公司，它们确实不错，那您喜欢它们的什么地方呢？"这就是纵深问法。

（3）多问为什么

这其实也是在找原因，不管如何问，我们都要找到客户产生某种需求的原因。在销售中，很重要的一点就是，我们不仅应知道客户的需求，更重要的是要知道客户为什么会有这样一个需求，这其实是推动客户采取行动的一个内在驱动力。一旦把握好了这个内在驱动力，将对我们进一步去引导客户以及在以后的竞争中保持竞争优势都很有帮助。

"您今年的重点工作将会放在人力资源管理方面，它对您为什么很重要？"

"您现在想要与管理咨询公司合作以加强营销管理，这是一个极好的想法，为什么您现在有这个想法呢？"

"您提到销售额上升5%对您很重要，为什么呢？"

记住：多问为什么，同样会使我们获取竞争优势！

我们要养成问问题的习惯，在日常电话沟通过程中，我们可以把所有的陈述句变成问句。向客户提问题时需要注意以下几个要点：

把所有的陈述句转化为疑问句。

问问题要使用感性的语言。

问完问题稍做停顿。

在与客户的沟通中，我们要养成善于向客户提问的习惯，这样，我们便可以与客户进行互动交流，也使我们更清楚客户的真正需求是什么，最终达成双赢。

迂回提问消除对方的戒备之心

销售心理学一点通：在谈判中，恰到好处地使用"投石问路"的方法，你就会为自己一方争取到更大的利益。

谈判开始时，虽然双方人员表面彬彬有礼，内心却对对方存有戒备心理，如果这个时候直接步入主题，进行实质性谈话，就会提高对手的警觉心理。

谈判开始的话题最好是轻松的、非业务性的，要善于运用环顾左右、迂回入题的策略，给对方足够的心理准备时间，为谈判成功奠定一个良好的基础。

环顾左右、迂回入题的做法很多，下面介绍几种常用且有效的入题方法：

1. 从题外话入题

谈判开始之前，你可以谈谈关于气候的话题。"今天的天气不错。""今年的气候很怪，都三四月了，天气还这么冷。"也可以谈旅游、娱乐活动、衣食住行等，总之，题外话内容丰富，可以信手拈来，不费力气。你可以根据谈判时间和地点，以及双方谈判人员的具体情况，脱口而出，亲切自然，刻意修饰反而会给人一种不自然的感觉。

2. 从"自谦"入题

如对方为客，来到己方所在地谈判，应该向客人谦虚地表示各方面照顾不周，没有尽好地主之谊，请谅解等；也可以向主人介绍一下自己的经历，说明自己缺乏谈判经验，希望各位多多指教，希望通过这次交流建立友谊等。简单的几句话可以让对方有亲切的感觉，心理戒备也会很快消除。

3. 从介绍己方人员情况入题

在谈判前，简要介绍一下己方人员的经历、学历、年龄和成果等，让对方有个大概的了解，既可以缓解紧张气氛，又不露锋芒地显示己方的实力，使对方不敢轻举妄动，暗中给对方施加心理压力。

4. 从介绍己方的基本情况入题

谈判开始前，先简略介绍一下己方的生产、经营、财务等基本情况，提供给对方一些必要的资料，以显示己方雄厚的实力和良好的信誉，坚定对方与你合作的信念。

5. 投石问路巧试探

投石问路是谈判中一种常用的策略，是指在谈判过程中巧妙地试探对方，它在谈判中常常借助提问的方式，来摸索、了解对方的意图以及某些实际情况。

如当你希望对方得出结论时，可以这样提问：

"您想订多少货？"

"您对这种样式感到满意吗？"

总之，每一个提问都是一颗探路的石子。你可以通过了解产品质量、购买数量、付款方式、交货时间等来了解对方的虚实。

想要在谈判中尽快降低对方的警觉性，谈判之前就要做好充分的准备。你最好先了解和判断对方的权限及背景，然后把各种条件及自己准备切入的重点问题等简短地写在纸上，在谈判时随时参考，提醒自己。

巧妙提问胜于一味讲述

销售心理学一点通：要尽可能有针对性地提问，以便使自己更多、更好地了解顾客的观点或者想法。

在销售活动中，大多数销售人员总是喜欢自己说个不停，希望自己主导谈话，而且还希望顾客能够舒舒服服地坐在那里，被动地聆听，以了解自己的观点。但问题是，客户心理往往很排斥这种说教式的叙述，更不用说销售人员及产品会获得客户的好感了。

无论哪种形式的销售，为了实现其最终目标，在销售伊始，销售人员都需要进行试探性的提问与仔细聆听，以便顾客有积极参与推销或购买过程的机会。当然最重要的还是，要尽可能有针对性地提问，以便使自己更多、更好地了解顾客的观点或者想法。

我们来看一下这位家具销售人员与顾客琳达之间的对话，你可以从中得到某些启发。

销售人员："我们先谈谈你的生意，好吗？你那天在电话里跟我说，你想买坚固且价钱合理的家具，不过，我不清楚你想要的是哪些款式，你的销售对象是哪些人。能否多谈谈你的构想？"

琳达："你大概知道，这附近的年轻人不少，他们喜欢往组合式家具连锁店跑；不过，在111号公路附近也住了许多退休老人，我妈妈就住在那里。一年前她想买家具，可是组合式家具对她而言太花哨了，她虽有固定的收入，但也买不起那种高级家具。以她的预算想买款式好的家具，还真是困难！她告诉我，许多朋友都有同样的困扰，这其实一点也不奇怪。我做了一些调查，发现妈妈的话很对，所以我决心开店，顾客就锁定这群人。"

销售人员："我明白了，你认为家具结实耐用，是高龄客户最重要的考虑因素，是吧？"

琳达："对，我也许会买一张300元的沙发，一两年之后再换新款式。但我的客户希望用品常葆如新，比如我的祖母，她把家具盖上塑胶布，一用就是30年。我明白这种价廉物美的需求有点强人所难，但是我想，一定有厂商生产这类家具。"

销售人员："那当然。我想再问你一个问题，你所谓的价钱不高是多少？你认为主顾愿意花多少钱买一张沙发？"

琳达："我可能没把话说清楚。我不打算进便宜货，不过我也不会采购一堆路易十四世的鸳鸯椅。我认为顾客只要确定东西能够长期使用，他们能接受的价位应该在 450 元到 600 元之间。"

销售人员："太好了，琳达，我花几分钟跟你谈两件事。第一，我们的家具有高雅系列，不论外观与品质，一定能符合你的客户的需要，至于你提到的价钱，也绝对没问题；第二，我倒想多谈谈我们的永久防污处理，此方法能让沙发不沾尘垢，你看如何？"

琳达："没问题。"

这位推销员与客户琳达交谈的过程中，通过针对性地提问了解到客户的需求，并清楚、准确地向顾客介绍了自己的产品，让顾客确切地了解自己推销的产品如何满足他们的各种需要。因此，推销员详细地向顾客提问，尽可能找出完全符合顾客的各种产品信息，是必不可少的。

与客户洽谈的过程中，通过恰到好处的提问有利于推动洽谈的进展，促使推销成功。那么，在推销实践中都有哪些提问技巧呢？

1. 单刀直入法提问

这种方法要求推销人员直接针对顾客的主要购买动机，开门见山地向其推销，请看下面的场景：

门铃响了，当主人把门打开时，一个穿着体面的人站在门口问道："家里有高级的食品搅拌器吗？"男人怔住了，转过脸来看他的夫人，夫人有点窘迫但又好奇地答道："我们家有一个食品搅拌器，不过不是特别高级。"推销人员回答说："我这里有一个高级的。"说着，他从提包里掏出一个高级食品搅拌器。接着，不言而喻，这对夫妇接受了他的推销。

假如这个推销人员改一下说话方式，一开口就说："我是××公司推销人员，我来是想问一下你们是否愿意购买一个新型食品搅拌器。"这种说话的效果一定不如前面那种好。

2. 诱发好奇心法提问

诱发好奇心的方法是在见面之初直接向潜在的买主说明情况或提出问题，故意讲一些能够激发他们好奇心的话，将他们的注意力引到你可能为他们提供的好处上。

一个推销人员对一个多次拒绝见他的顾客递上一张字条，上面写道："请您给我10分钟好吗？我想为一个生意上的问题征求您的意见。"字条诱发了采购经理的好奇心——他要向我请教什么问题呢？同时也满足了他的虚荣心——他向我请教！这样，结果很明显，推销人员应邀进入办公室。

3. 刺猬反应提问

在各种促进买卖成交的提问中，"刺猬"反应技巧是很有效的。"刺猬"反应的特点就是你用一个问题来回答顾客提出的问题，用自己的问题来控制你和顾客的洽谈，把谈话引向销售程序的下一步。让我们看一看"刺猬"反应式的提问法：

顾客："这项保险中有没有现金价值？"

推销人员："您很看重保险单是否具有现金价值的问题吗？"

顾客："绝对不是。我只是不想为现金价值支付任何额外的金额。"

第三章
循循善诱：把好处说透，把益处说够

客户只关注能给自己带来好处的产品

书店里,一对年轻夫妇想给孩子买一些百科知识读物,销售员过来与他们交谈。以下是当时的谈话摘录:

客户:"这套百科全书有些什么特点?"

销售人员:"你看,这套书的装帧是一流的,整套都是这种真皮套封烫金字的装帧,摆在您的书架上非常好看。"

客户:"里面有些什么内容?"

销售人员:"本书内容按字母顺序编排,这样便于资料查找。每幅图片都很漂亮逼真,比如这幅,多美!"

客户:"我看得出,不过我想知道的是……"

销售人员:"我知道您想说什么!本书内容包罗万象,有了这套书,您就如同有了一套地图集,而且还是附有详尽地形图的地图集。这对您一定大有用处。"

客户:"我是为孩子买的,让他从现在开始学习一些东西。"

销售人员:"哦,原来是这样。这套书很适合小孩子的,它有带锁的玻璃门书箱,这样您的孩子就不会将它弄脏,小书箱是随书送的。我可以给您开单了吗?"

(销售人员作势要将书打包,给客户开单出货。)

客户:"哦,我考虑考虑。你能不能找出其中的某部分,比如文学部分,让我了解一下其中的内容?"

销售人员:"本周内有一次特别的优惠抽奖活动,现在买说不定能中奖。"

客户:"我恐怕不需要了。"

对客户来讲,"值得买的"不如"想要买的",客户只有认为产品会给自己带来好处才会购买。在销售时,如果销售人员只把注意力放在销售产品上,一心只想把产品推给对方,甚至为了达到目的不择手段,这样,失去的可能比得到的更多,因为你可能推出了一件产品,但从此失去了一个客户。

这位销售人员给客户的感觉是太以自我为中心了,好像他需要的就是客户需要的。他完全站在自己的角度上对产品进行理解,然后强加于客户,让客户感觉:这样的书是你需要的,而不是我需要的。

以上的失败只是源于销售人员的疏忽,他自顾自地说话,没有仔细想一想对方的需求。其实客户已给过他机会,只可惜他没有及时抓住这样的机会。因此,一场不欢而散的谈话所导致的失败结局也就在所难免。

所以在推销某一产品的时候,销售员不要只是说明产品的特点,而要强调产品能为客户带来哪些好处。

客户:"我 10 分钟后还有一个会议要开。"

吴昊:"好的,张科长,我会在 10 分钟内把更适合贵企业的建议案说完,绝不耽误您的时间。

"一辆好的配送车,能比同型货车增加21%的载货空间,并节省30%的上下货时间。根据调查显示,贵企业目前配送的文具用品体积不大,但大小规格都不一致,并且客户多为一般企业,数量多且密集,属于少量多次进货的形态。一趟车平均要装载50家客户的货物,因此上下货的频率非常高,挑选费时,并常有误拿的情形发生。如何正确、迅速地在配送车上拿取客户采购的商品,是提高效率的重点。这点张科长是否同意?"

张科长:"对,如何迅速、正确地从配送车上拿出下一家客户要的东西是影响配送效率的一个重要因素。"

吴昊:"配送司机一天中大部分时间都在驾驶位上,因此驾驶位的设置要尽可能舒适,这是配送司机们一致的心声。"

张科长:"另外,车子每天长时间在外行驶,车子的安全性绝对不容忽视。"

吴昊:"张科长说得很对,的确,一辆专业配送车的设计,正是要满足上面这些功能。本企业新推出的××型专业配送车,正是为满足客户对提高配送效率而专门开发设计出来的。它除了比一般同型货车超出了15%的空间外,并设计有可调整的陈放位置,可依空间大小的需要,调整出0~200个置物空间,最适合放置大小规格不一致的配送物,同时能活动编号,依号码迅速取出配送物。贵企业目前因为受制于货车置货及取货的不便,平均每趟只能配送50个客户。若使用此种型号的配送车,可调整出

70个置物空间，经由左、右门及后面的活动门依编号迅速取出客户所要的东西。

"配送车的驾驶室，如同活动的办公室。驾驶室的位置调整装置能依驾驶人的特殊喜好而做适当的调整。座椅的舒适度绝对胜过一般内勤职员的椅子，并且右侧特别设置了一个自动抽取式架子，能让配送人员书写报表及单据，使配送人员能感到企业对他们的尊重。

"由于配送车在一些企业并非专任司机使用，而采取轮班制，因此，车子的安全性方面的考虑更是重要。××型配送车有保护装置、失误动作防止、缓冲装置等。电脑安全系统控制装置，能预先防止不当的操作给人、车带来的危险。贵企业的配送人员也常有轮班、换班的情形，使用本车能得到更大的保障。"

张科长："××型配送车听起来不错。但目前我们的车子还没到企业规定的汰旧换新的年限，况且停车场也不够。"

吴昊："科长您说得不错。停车场地的问题，的确给许多成长的企业带来一些困扰。贵企业业务在科长的领导下，每年增长15%，为了配合业务增长，各方面都在着手提升业务效率。若贵企业使用××型配送车，每天平均能提升20%的配送量，也就是可以减少目前1/5的配送车辆，相对地，也可以节省1/5的停车场地。

"贵企业的车子目前仍未达到企业规定的使用年限，淘汰旧车换新车好像有一些不合算。的确，若是贵企业更换和目前同型的车子,当然不合理。可是若采取××型专业配送车,不但可以因提高配送效率而降低整体的配送成本,而且还能节省下停车场地的空间,让贵企业两年内不需为停车场地操心。"

"据了解,目前贵企业50辆配车中有10辆已接近汰旧换新年限,是否请科长先同意选购10辆××专业配送车,旧车我们会以最高的价格估算回收。"

在吴昊充分进行了利益解说之后,客户同意签订购车合同。

在本案例中,吴昊通过对客户的调查发现了他们对配送车的需求特征,就是要提高效率。而提高效率的关键点在于客户配送的东西大小规格都不一致,导致每一辆车的装载量少,装卸速度慢。

在明确了客户的具体需求后,吴昊便有针对性地解说他们公司所提供的配送车的利益点:"它除了比一般同型货车超出了15%的空间外,并设计有可调整的陈放位置……同时能活动编号,依号码迅速取出配送物。"

在客户说明原来的车还没有到企业规定的汰旧换新的年限且停车场地也不够时,吴昊更是抓住时机说明使用××配送车的利益点。最后,吴昊根据客户的实际情况,建议将其中10辆接近汰旧换新年限的车换成××型专业配送车。

在整个销售解说过程中,吴昊一直牢牢地把握住客户的需求,并结合自己产品的特性和利益来解说××型专业配送车,让客户在利益需求思考下做出购买决定。

根据对实际的销售行为的观察和统计研究，60%的销售人员经常将特点与好处混为一谈，无法清楚地区分；50%的销售人员在做销售陈述或者说服销售的时候不知道强调产品的好处。销售人员必须清楚地了解特点与好处的区别，这一点在进行销售陈述和说服销售的时候十分重要。

那么推销中强调的好处都有哪些呢？

（1）帮助顾客省钱。

（2）帮助顾客节省时间。效率就是生命，时间就是金钱，如果我们开发一种产品可以帮顾客节省时间，顾客也会非常喜欢。

（3）帮助顾客赚钱。假如我们能提供一套产品帮助顾客赚钱，当顾客真正了解后，他就会购买。

（4）安全感。顾客买航空保险，不是买的那张保单，买的是一种对他的家人、他自己的安全感。

（5）地位的象征。一块百达翡丽的手表拍卖价700万人民币，从一块手表的功用价值看，实在不值得破费，但还是有顾客选择它，那是因为它独特、稀少，能给人一种地位的象征。

（6）健康。市面上有各种滋补保健的药品，抓住了人类害怕病痛死亡的天性，所以当顾客相信你的产品能帮他解决此类问题时，他也就有了此类需求。

（7）方便、舒适。

在介绍产品时，将客户引入"催眠"过程

中国有句古话：己所不欲，勿施于人。意思是你自己都不喜欢的事物，就不要送与他人。当我们向他人介绍某一事物很好的时候，我们一定是内心觉得真的好，否则，就是虚伪和欺骗。作为销售员，你是否发自内心地认为你的产品如你所说的一样好？

产品介绍非常重要，因为这是在专业层面给客户一个购买的理由。但是，介绍产品的前提是，你必须发自内心地认为你的产品真的很好。销售人员必须要对自己的产品和服务充满信心，要让他们确信你的产品对他们有好处，并让他们了解不买产品可能会出现的损失。

当然，除了对产品的信心，产品的介绍技巧也是非常重要的，因为，介绍产品本就是一个将客户引入"催眠"状态的过程。

成功的产品介绍的九大技巧：

（1）确立目标，明确结果。通过结果来衡量自己的产品介绍方法是否已经获得成功。

（2）注重个人形象。包括着装、个人卫生、健康状况与言谈举止。

（3）守时。举办产品介绍会要确保准时开始，准时结束。

（4）视觉联想道具。利用道具或视觉辅助工具丰富及加强产

品介绍的内容。

（5）口诀。如果想要客户对你的产品印象深刻，那就将产品介绍编成口诀来传递价值。

（6）引爆情绪。感染客户，让他们有所感动，他们将会购买你的产品。

（7）挖掘痛苦，先苦后甜。不要先讲好处，而是让客户感到如果不买你的产品就像是在承受地狱之火或者不买你的产品来改变现状，他会一直很痛苦。当客户被引导被感染后，便开始介绍产品的好处，让客户感觉购买你的产品之后就会得到天堂般的快乐，绝不会后悔他们所做的购买决定。

（8）强调好处。客户提问也好，迟疑也好，其背后代表的信息只有一个，客户在关心你的产品能够给他带来什么好处。因此，除了介绍产品以外，你必须让客户知道这些产品的功能会为他们带来哪些好处。

（9）行动引导。销售的目的是让客户购买，所以，介绍产品后最重要的是让客户采取行动，现在就买。

皮特是一名从事厨具推销工作的推销员，他常常能够出奇制胜，销售业绩比其他人要高很多。正是凭借着这种聪明，他终于成了一名成功的推销员。

有一天，皮特敲开了一户人家的门，试图向他们推销他的商品，开门的是房子的女主人。她让皮特进入屋内，并告诉皮特说，她的先生和邻居布威先生在后院，但她和布威太太乐意看看皮特的厨具。尽管要说服男人认真观看商品展示是极困难的事情，当皮特进到屋内后，他还是鼓励两位太太邀请她们的先生一同来看自己的商品。皮特担保她们的先生也会对展示的商品感兴趣，两位太太于是把她们的先生请了进来。

皮特详细、认真地向客户展示他的厨具，用他的厨具煮未加水的苹果，也用他们自家的厨具加水煮了一些苹果，最后皮特把差异指了出来，令客户印象非常深刻。然而男士们仍装作没兴趣的样子，深恐要掏腰包买下皮特的厨具。这时，皮特知道展示过程并未奏效，因此，皮特决定使用自己的绝招。皮特清理好厨具，将它们打包妥当，然后向客户说："很感激你们给我机会展示商品，我原本期望能在今天将自己的产品提供给你们，但我想将来可能还有机会。"

不料，当皮特说完这句话，两位先生即刻对皮特的厨具表现出高度的兴致。他们两个人同时离开座位，并问皮特的公司什么时候可以出货。皮特告诉他们他也无法确定日期，但有货时他会通知他们。他们坚持说，他们怎么知道他不会忘了这件事。皮特回答说，为了保险起见，他建议他们先付定金，当他们公司有货时就会为他们送来，可能要等上 1 ~ 3 个月。他们两个人均热切地从口袋中掏出钱来，付了定金。大约在 5 周之后，皮特将货送到了这两户人家。

优秀的销售员在介绍产品时，会运用多种技巧，牢牢抓住客户的心，让客户主动购买产品。运用道具或视觉辅助工具是增强说服力的绝招，会使听众或客户产生特别的印象。皮特就是运用了苹果作为道具，辅助介绍厨具的不同，让人印象深刻。

当然，在销售中，销售员可以有针对性地设计对介绍产品有利的辅助工具。比如房地产的销售，可以为看房子的客户提供饮料、果汁等附加价值的东西，就是一些很好的办法，这会让客户心情愉悦，进而增加购买的可能性；许多高级美容美发院都知道，客人在喝过几杯酒之后，都会比较喜欢新的发型，这些都是利用道具或视觉工具进行销售的案例。

利用"剧场效应"，将消费者带入剧情之中

某家公司经销一种新产品——适用于机器设备、建筑物清洗的洁神牌清洗剂。老板布置任务后，大家纷纷带着样品去拜访顾客。

依照过去的经验，推销员向顾客推销新产品时最大的障碍是：顾客对新产品的性能、特色不了解，因而不会轻易相信推销员的解说。但推销员赵中却有自己的一套办法。

他前去拜访一家商务中心大楼的管理负责人，对那位负责人说："您是这座大楼的管理负责人，您一定会对既经济效果又好的清洗剂感兴趣吧？就贵单位而言，无论是从美观还是从卫生

的角度来看，大楼的明亮整洁都是很重要的企业形象问题，您说对吧？"

那位负责人点了点头。赵中又微笑着说："洁神就是一种很好的清洗剂，可以迅速地清洗地面。"同时拿出样品："您看，现在向地板上喷洒一点清洗剂，然后用拖把一拖，就干干净净了。"

他在地板上的污迹处喷洒了一点清洗剂。清洗剂渗透到污垢中，需要几分钟时间。为了不使顾客觉得时间长，他继续介绍产品的性能以转移顾客的注意力。"洁神清洗剂还可以清洗墙壁、办公桌椅、走廊等处的污迹。与同类产品相比，洁神清洗剂还可以根据污垢程度不同，适当地用水稀释几倍，它既经济方便，又不腐蚀、破坏地板和门窗等。您看，"他伸出手指蘸了一点清洗剂，"连人的皮肤也不会伤害。"

说完，推销员指着刚才浸泡污渍的地方说："就这一会儿的工夫，您看效果，清洗剂浸透到地面上的坑洼中，使污物浮起，用湿布一擦，就干净了。"随后拿出一块布将地板擦干："您看，多干净！"

接着，他又掏出白手绢再擦一下清洗干净的地方："看，白手绢一尘不染。"再用白手绢在未清洗的地方一擦，说："您看，脏死了。"

赵中巧妙地把产品的优异性能展示给顾客看，顾客为产品优异的性能所打动，于是生意成交了。

心理学上有个概念叫"剧场效应"，人在剧场里看电影或看戏,感情与意识容易被带入剧情之中;另外,观众也互相感染,也会使彼此感情趋于相对一致。因而,一些成功的推销员把"剧场效应"运用到推销活动中,同样取得了较好的效果。他们当众进行产品演示,边演示边解说,渲染了一种情景氛围,直接作用于潜在顾客的右脑,让那些本来有反对意见的人和拒绝该产品的人在右脑的影响下,做出购买的决策。

就像这个案例中的清洗剂推销员,面对顾客对产品不熟悉的情况,没有单纯地采用"说"的推销方法,而是发挥了自己右脑的优势,一边为顾客演示产品一边解说,把产品的性能充分展示给潜在客户,当顾客的右脑感知到这确实是一种好产品时,生意成交了。其实,推销员演示的过程完全出自于左脑的周密计划,它通过右脑的形式有步骤地建立起一种氛围,在一种虚化的感觉中,让客户采取决策步骤。

好的演示常常胜过雄辩。在推销过程中,如果能让顾客亲自做示范,那你就不要动。让顾客做,把他们置身于情境当中,这同样是非常有效果的办法。

全面"催眠"包围客户的感觉,让其立刻购买

现实生活中,我们越来越多地听到"催眠"这个词,那么,什么是催眠?从心理学角度分析,催眠不是宗教,不是气功,更不是心灵感应等,它是一种能够使身心放松的方法。

在销售中,催眠式销售开始慢慢普及,受到越来越多业内人士的关注。试想,如果你能掌控别人来购买你的产品或服务;如果你能让你的产品介绍变得令人不可抗拒;如果你能让你的顾客主动购买你的产品,那么你的销售效果会如何?这就是催眠式销售的强大力量。

心理学研究发现,每个人都是与众不同的,但都会自我感觉良好,这是人的本性。作为销售人员,无论你见到什么样的客户,都要去发现客户心中传达出来的"你要让我感觉我很特别、我很重要"的信息。然后,销售员做出恰当的反应和表示,让客户感觉到你真的觉得他们很特别,并且懂得让客户自我感觉良好。

只有当你的客户感觉受到你的重视和舒适的时候,他们才会下定决心购买你的产品,甚至愿意放弃原来的选择,转而购买你的产品,进而达成你销售成交的目的。一个优秀的销售人员懂得如何改变客户的感觉,并将客户正面的情感变化引导至产品上。

催眠式销售就是通过各种语言、动作等方式引发客户潜意识

中无法抗拒的东西。

"催眠"客户的3种最常见的方法有：

一、视觉联想

我们都能够感受到视觉广告的巨大影响力，它可以在不知不觉中影响我们的判断和选择，为什么？视觉广告之所以发挥出无限的功效，是因为视觉联想极为有效，客户的行为可能会因为视觉上的联想而得到加强。例如，电影院播放的广告中，每6秒钟便出现一次爆米花的画面，这时候观众便会不由自主地想吃爆米花，而影院便可以凸显它独特的地理优势。

心理学研究发现，在对人的行为产生影响的因素中，视觉联想的力量远远超过听觉的联想。所以，在销售过程中，销售人员不妨为产品设计一些有助于视觉联想的物品，让客户立即就能将好的感觉与你的产品链接起来。

二、命令式

命令式指令具有"圣旨"的作用，比如，有一个小孩不想吃蔬菜，甚至为这件事情与他妈妈争吵。这时候，如果妈妈说："吃，你现在还小，在成长的过程中需要大量的维生素和矿物质，现在就吃蔬菜。"争执就会迎刃而解。"现在就吃"便是命令式指令。

作为销售人员，你要学会运用特定的字词来架构指令，"命令"客户采取行动。

三、声音

根据心理研究显示：低音可以对潜意识造成比较大的冲击。新闻播音员大多数都采用低沉的声音，而不是尖锐的高音。低音在潜意识层次较具有权威，并且容易辨识，进而被人们所乐于接受。

所以，销售或谈判中，善于利用声音的优势，也会对客户起到极大的催眠作用。

对于销售员来说，客户"现在购买"是最理想的状态。要求客户"现在购买"，就要跟客户强调"这是客户现在需要买的东西"，能刺激客户的购买欲望。"现在"二字能给客户造成催眠的感觉，也就是在客户的潜意识中，有一个命令是他现在想买。当你对客户下达此指令的时候，他"想要"购买的欲望就会逐渐加强，马上采取行动的可能性也大大提高。

现在我们将联想式指令与命令式指令结合起来，并且设计出更加具有说服力的暗示。

以房地产销售为例："你是否曾像现在这样，一走进一间房子就很想住进去？那间房子的优点不是和你现在要的一样吗？马上将它变为己有如何？"

"现在""很想""想要""马上"这些词语，都会对客户传达一种他现在就想买的感觉。接下来，在要求客户付款购买的时候，销售员要直接告诉客户他购买之后会得到的感觉："在这间房子里，你会感觉非常安全。一踏进这间房子，便让你感觉好像是回家了。"而不是说这间房子的防盗设备一流等没有说服力的话。

因为"催眠"销售语言传达给客户的潜意识指令已经给客户创造了一种直接联想,将踏进房子与回家的感觉链接起来。

我们可以运用视觉、命令与声音和语言的力量"催眠"客户,帮助客户做出现在购买的决定。

虚拟未来事件,让客户进入海市蜃楼一般的幻境

在推销那些短期内看不出优势的产品时,可以向客户卖自己的"构想",通过对未来的描绘,让客户感知未来的情形,从而达到销售的目的。

销售员:"经过许多年的苦心研究,本公司终于生产了这批新产品。虽然它们还称不上是一流的产品,只能说是二流的,但是,我仍然拜托汪老板,以一流产品的价格来向本公司购买。"

客户:"咦?陈经理,你该没有说错吧?谁愿意以一流产品的价格来买二流的产品呢?二流产品当然应该以二流产品的价格来交易才对啊!你怎么会说出这样的话呢?"

销售员:"汪老板,您知道,目前灯泡制造行业中可以称得上第一流的,全国只有一家。因此,他们算是垄断了整个市场,即他们任意抬高价格,大家仍然会去购买,是不是?如果有同样优

良的产品,但价格便宜一些的话,对您及其他代理商不是一种更好的选择吗?否则,你们仍然不得不按厂商开出的价格去购买。

"就拿拳击比赛来说吧!不可否认,拳王阿里的实力谁也不容忽视。但是,如果没有人和他对抗的话,这场拳击赛就没办法进行了。因此,必须要有个实力相当、身手不凡的对手来和阿里打擂,这样的拳击比赛才精彩,不是吗?现在,灯泡制造业中就好比只有阿里一个人,如果这个时候出现一位对手的话,就有了互相竞争的机会。换句话说,把优良的新产品以低廉的价格提供给各位,大家一定能得到更多的利润。"

客户:"陈经理,您说得不错,可是,目前并没有另外一个阿里呀!"

销售员:"我想,另外一个阿里就由我们公司来充当好了。为什么目前本公司只能制造二流的灯泡呢?这是因为本公司资金不足,所以无法在技术上有所突破。如果汪老板你们这些代理商肯帮忙,以一流的产品价格来购买本公司二流的产品,我们就可以筹集到一笔资金,把这笔资金用于技术更新或改造上。相信不久的将来,本公司一定可以制造出优良的产品。这样一来,灯泡制造业等于出现了两个阿里,在彼此的竞争之下,毫无疑问,产品质量必然会提高,价格也会降低。到了那个时候,本公司一定好好地谢谢各位。此刻,我只希望你们能够帮助本公司扮演'阿里的对手'这个角色。但愿你们能不断地支持、帮助本公司渡过难关。因此,我拜托各位能以一流产品的价格来购买本公司的二流产品。"

客户:"以前也有一些人来过这儿,不过从来没有人说过这些话。作为代理商,我们很了解你目前的处境,所以,我决定以一流产品的价格来买你们二流的产品,希望你能赶快成为另一个阿里。"

在这个案例中,我们可以看出,该销售经理就是通过虚拟了一个未来事件才取得推销胜利的。

在推销刚开始时,销售经理的一句"拜托汪老板以一流产品的价格来向本公司购买",引起了客户的好奇心,这正是销售经理的目的所在。接下来,销售经理就充分发挥了自己理性和感性思维的优势,一步步推进自己的计划。

首先,他分析了灯泡制造业的现状,然后又把行业竞争比喻成拳击比赛,把一流的厂家比喻成拳王阿里。汪老板同意了销售经理的看法,并表示"目前并没有另外一个阿里"时,销售经理抓住了时机:"另外一个阿里就由我们公司来充当好了。"这时,汪老板的思维又从假设中回到了现实,这是真正销售高手的表现。

当销售经理有理有据地分析和设想了当灯泡市场上出现"两个阿里"而最终受益的将是各代理商后,彻底征服了汪老板,因此他得到了订单。

在这里,我们不得不佩服这位销售经理的智慧。其实,只要掌握了向客户卖"构想"的精髓,每个人都可以成为像这位销售经理一样的销售高手。

第四章
投其所好：欲要客户听，说话要动听

表达关切，增进彼此好感

商务交往的成败关键在攻心上。成功的商务交往应该确保对方在心理、情感上接受我们。当一个人对他人产生好感时，会变得十分友好，那种排斥的心理也就荡然无存了。在最初接触的时候，应该力求使一切都简单化。这包括下面一些技巧：

一、说中对方的心思

在简单的关心、赞美之后，要寻求更进一步的认同感，就必须深入洞察对方的内心状态，并用有效的方式引导对方的情感。

人在许多情况下不能直接知道自己的态度、情感和其他内在状态，因此，从外界获取信息达到自我认知目的的时候，就很容易受到外部信息的暗示，从而导致自我知觉的偏差，而我们所说的"被说中"正是自我知觉偏差的表现。只要你能准确"说中"对方心思，你也可以在瞬间获得对方信任。

老李是一位运动自行车销售员。

老李："呵呵，这辆车是您的吗？"

山地车爱好者："是的！"

老李："呵呵，1999年款的捷安特ATX680，当时得2000多呢！"

客户:"哦!您太厉害了,它可是我的第一辆山地自行车。"

老李凭借自己的专业知识准确地判断出对方车子的品牌、生产时间,以及与之有关的事情。作为一个从事商业活动的销售人员要时刻补充知识,有些时候知识可以弥补我们经验的不足。

老李:"看得出来,你对它很有感情呢!都10多年了还不舍得换呢!"

客户:"当然了,我很珍惜它,它是我和妻子爱情的见证……"

此时,对方还处于"惊讶"的状态,还需要继续"说中"才能获得对方的信任。老李因势利导,将老车与情感联系起来,十分成功地让对方从内心认同这句话。

老李:"太动人了,它的确值得收藏啊,看来你得把它打蜡,然后挂在墙上!"

客户:"是的!我打算把它收藏起来。"

对方动情后,老李继续"煽情",让对方在情感上不断地认同,而不是停留在口头或浅层次的意识上,这样更有利于获得更深的信任。

老李:"嗯,即使是按照使用寿命来说,也是该让它休息的时候了。"

客户:"的确是,我得再买一辆……"

老李在上一句话语中巧妙地暗示了对方,一是这辆车弥足珍贵应该收藏,二是应换一辆车。

对方听后就会产生相应的心理反应,认为的确该收藏了。

以上就是一个在销售中完整地运用读心术说中对方心思的全过程，是赢得他人认同的一个简单、快捷的途径。

二、关心对方的身体

若突然去拜访一位商业上的朋友，需要在接触前进行一番观察，包括对方的气色、神情、身体状况，并从中发现独特之处。

小王："嗨！先生，您的身体看起来非常棒啊！天天都在锻炼吗？"

对方："是的！"

小王发现对方的身材健美，因而判断对方经常进行运动，便以此为话题问候对方。

问候前的观察是很重要的，面对一个富态的人，我们如果说"您的身材很棒啊"，是不能够激起对方的兴趣并引起对方注意的。

还有，如果我们发现对方神情黯然，要注意对方的性别，如果是女士，我们可以大胆地表达我们的关切，因为女性的潜在心理是渴望得到别人关心的。

三、问候对方的下属

关心对方周围的人有时比关心对方本人效果更好，如关心对方的家人更能让对方感动，关心对方的下属更能激起对方的自豪感。

比如，去拜访一位管理者，拜访之前应先依据自身条件对拜访对象进行调查，通常公司的信息是比较容易获得的。

小赵："我发现贵公司的员工精神面貌非常好，个个都非常精神，相信这与公司文化密不可分啊！"

经理："哈哈！你太会说了，不过的确像你说的那样！我非常注重公司的文化。只有重视和关心员工，公司发展才会有动力啊！"

小赵表达了自己的看法，当然都是针对对方员工而言的，小赵的关心之言是暗示对方管理得当。在这种情况下，对方的内心会非常自豪、得意，说话时会显得非常谦虚但又不否认自己管理有方。同时，这位管理者对小赵的好感也随之增加。此时，如果小赵再不失时机地发表一番赞赏经理的话，效果就更加显著了。

四、寻找对方的兴趣，开启话题

几乎每个人都会对自己感兴趣的事物赋予优先注意的权利，并表现出积极、强烈的探索或实践心理，而且印象深刻。因此，兴趣是一种无形而又强大的动力，我们把它用在商务交流中，也能够起到开启话题、轻易打开对方心扉的作用，从而建立良好的信任感。找准对方的兴趣点是第一要求。正式交流前应该调查对方的兴趣，可以是事前准备，也可以是现场观察。

小李："不知您喜欢什么运动，攀岩还是自行车？"

王经理："不，我喜欢的是自驾车旅行！"

小李："是啊，它能够让人充分地享受自由，不像在竞争激烈的商业活动中。"

小李乘势说出自驾游的好处，对方对此深有体会，小李因此博得了对方的好感。

多叫几次对方名字可增进亲近感

在日常应酬中，如果一个并不熟悉的人能叫出自己的姓名，往往会使人产生一种亲切感和知己感；相反，如果见了几次面，对方还是叫不出你的名字，便会产生一种疏远感、陌生感，增加双方的心理隔阂。一位心理学家曾说："在人们的心目中，唯有自己的姓名是最美好、最动听的东西。"许多事实也已经证实，在公关活动中，广记人名，有助于公关活动的展开，并助其成功。

美国前总统罗斯福在一次宴会上，看见席间坐着许多不认识的人，他找到一个熟悉的记者，从记者那里一一打听清楚了那些人的姓名和基本情况，然后主动和他们接近，叫出他们的名字。当那些人知道这位个平易近人、了解自己的人竟是著名政治家罗斯福时，大为感动。从那以后，这些人都成了罗斯福竞选总统的支持者。

记住对方的名字，最好时而高呼出声，这不仅是起码的礼貌，更是交际场上值得推行的一个妙招。想一想，对于轻易记住自己名字的人，我们怎能不顿觉亲切呢？这时，他来求我们什么事情，我们怎好不竭尽全力予以优先照顾呢？

在交往中，你一张口就高呼出对方的名字，会让对方为之一振，对你顿生景仰之意。就算是原本不利的情势，也往往会因为你的这一高呼而顿时"化险为夷"。

一位著名作家说："记住别人的名字，而且很轻易地叫出来，等于给别人一个巧妙而有效的赞美。因为我很早就发现，人们把自己的姓名看得惊人的重要。"

现实中，人们对自己的名字是如此重视。不少人不惜任何代价让自己的名字永垂不朽。且看两百年前，一些有钱人把钱送给作家们，请他们给自己著书立传，使自己的名字留传后世。现在，我们看到的所有教堂都装上彩色玻璃，变得美轮美奂，以纪念捐赠者的名字。不言而喻，一个人对他自己的名字比对世界上所有的名字加起来还要感兴趣。

钢铁大王卡内基从小就认识到这一点。小时候，他曾经抓到一窝小兔子，但是没有东西喂它们，他就想出了一个绝妙的主意。他对周围的孩子们说："你们谁能给兔子弄点吃的来，我就以你们的名字给小兔子命名。"这个方法太灵验了，卡内基一直忘不了。当卡内基为了卧车生意和乔治·普尔门竞争的时候，他又想起了这段往事。

当时，卡内基的中央交通公司正跟普尔门的公司争夺联合太平洋铁路公司的卧车生意，双方互不相让，大杀其价，使得卧车生意毫无利润可言。后来，卡内基和普尔门都到纽约去拜访联合太平洋铁路公司的董事会。有一天晚上，他们在一家饭店碰头了。卡内基说:"晚安,普尔门先生,我们别争了,再争下去岂不是出自己的洋相吗?"

"这话怎么讲?"普尔门问。

于是卡内基把自己早已考虑好的决定告诉他——把他们两家公司合并起来。他大谈合作的好处,普尔门认真地倾听着,但是没有完全接受。最后他问:"这个新公司叫什么呢?"

卡内基毫不犹豫地说:"当然叫普尔门皇宫卧车公司。"

普尔门的眼睛一亮,马上说:"请到我的房间来,我们讨论一下。"

这次讨论翻开了工业史新的一页。

如果你不重视别人的名字,又有谁会重视你的名字呢?如果有一天你把人们的名字全忘掉了,那么,你也很快就会被人们遗忘。

记住他人的名字,对他人来说,这是最重要的。

如果你想让人羡慕,请不要忘记这条准则:"请记住别人的名字,名字对他来说,是全部词汇中最好的词。"

熟记他人的名字吧,这会给你带来好运!

换位思考，使对方感受到被关切之情

很多推销员往往在推销的过程中只顾说他自己觉得很重要的事，他自己觉得客户在意的事。嘴巴说得太多但是倾听太少，完全不在乎客户的感受，就像连珠炮一样滔滔不绝，甚至企图想要改变客户的需要来达成交易。而他关心的重点中没有一个是客户关心的，所以虽然拜访了千百次却仍然找不到突破口。

设想一下，如果你就是一个在销售员"轰炸"下的客户，你会不会购买呢？

当然不会，因为推销员讲的都不能满足你的需要，除非他所谈论的刚好是你所需要的重点，你才会购买。

如果你的方法、态度都没有办法令自己购买，你怎么可能让客户购买呢？所以在推销任何商品给你的客户之前先试着推销这种商品给你自己，自己去说服自己购买，如果你能够成功地推销商品给你自己，你就已经成功了一大半！这也就是销售中的置换推销，就是要站在客户的立场上做推销。

下面一个古代的小故事能帮助我们弄清什么是置换思考。

《列子·说符》中记载：有一天，杨布穿了件白色的衣服出去，路上遇雨，于是脱去白色的外套而露出黑色的内衣。等他回到家时，他家的狗对着他大叫，他非常生气，拿起棍子对着狗就要打。他的哥哥杨朱拦住了他，说："如果你家的白狗出去而回来时成了黑狗，你能觉得不奇怪吗？"

上述故事说明了置换思考的含义就是把当事双方的角色进行置换，站在对方的立场看问题，从而透彻地理解对方，进而对对方做出正确的评估，并做出必要的反应。

所以，进行换位思考应遵循3个步骤：收集对方相关的背景信息；进行综合评估；做出针对性的必要反应。

在销售中，我们只要对角色进行正确定位，并实施针对对策，就会大幅提高销售的成交率。

有一个在淘宝网上经营电话卡的商家，通过店主的用心经营，如今已经拥有4个皇冠的信用度，成功交易15万人次，拥有80%以上的回头客，好评率达99.99%，店主本人也被淘宝予以"Super卖家"的荣誉。

有人问他成功的秘诀是什么，在交流中他一直强调置换思考。总是把自己放在买家的位置上，想想希望卖家提供哪些服务。当客户的需要得到满足时，生意自然越做越好。比如，店主在销售中发现，现在电话卡多种多样，运营商也很多，买家分辨不清，经常会问有没有适合自己既便宜又好用的卡。于是，店主就写了一个帖子，利用自己的专业知识介绍哪些情况适合用哪种卡。买家看到这个帖子很开心，感到终于找到了自己想要的卡，这样，客户的回头率就高了。

一个优秀的推销员通常会事先收集客户的详细资料，掌握客户的一切信息后，再经过详细规划，然后与客户见面时会这样说:"先生,如果我是你,你知道我会怎么做吗?"

自然地,客户就会问:"你会怎么做?"这时推销员就可以说出从客户立场精确考虑的建议,并提出有利于他的方面,协助他做最终的决定。

曾有一位著名的推销售员讲了这样一个故事:

在杰西初入房地产推销界时,他根本不知道该从何处着手。后来,他看到公司里的一位金牌销售员在资料袋里保存了很多资料卡,这些资料卡都是与这位销售员的推销相关的东西,也是客户需要知道或希望知道的资料,其中包括停车场、商店、学校及建筑物相关的细节。

在许多人看来,这位推销员的做法好像很不明智,带那么多的卡片似乎很不方便,但就是这些卡片帮助他拿到了年度销售总冠军的奖杯!杰西对这些资料卡印象深刻,所以他决定把它们用在自己的实际工作中。这个方法最后成了杰西成功的主要因素,也是他为客户着想的起点。

他还提到,即使与客户在生意没有谈成的时候,他也会回家写资料卡,记录刚才见到客户的情形。当他再次做销售拜访的时候,就能侃侃而谈关于客户的一些事情,仿佛是多年的老友。杰西的这种"表演"常常能提高客户的谈话兴致,他们往往会惊讶于杰西对他们的了解。

这些卡片帮了杰西很大的忙,每次他都利用这些资料卡联系客户,成功率都很高,总的算来几乎超过70%。

在杰西早期的推销工作中，有位先生曾经坚持要买两份同样的投资标的，一份在他名下，另一份给他太太。杰西遵从他的要求，但在当天晚上记录客户资料时，却发现两份分开投资计划合计的费用，比以同样金额投资一份计划的费用高出许多。

第二天一早，他立刻跟客户说明，如果这两份投资能合成一份的话，至少可以省下15%的费用。客户很感激他，并且接受了这个建议。很显然，客户不知道杰西的佣金因此而大减。多年以后，这位客户对杰西的好感依然没变，而杰西的佣金损失，早就通过客户所介绍的其他客户得到了更多的补偿。

置换推销的好处是不言而喻的，它能更深层次地让客户信任你，而你也能得到更多的潜在讯息。

四大妙计应对难以应付的客户

不是每一个人都会认同我们的行为或者想法，也不是每一个人都能够接受我们的商业行为，这一点在商业谈判和商业合作中是很常见的，尤其在商业销售工作中更加普遍。

出现类似的情况怎么办？要记住，人们习惯于以自我为中心，对那些符合自己的观点和行为方式的话语会获得心理上的满足。相反，对不符合自己观点和行为方式的话语则会产生心理上的排斥和反感。其实我们可以使用以下方法应对难以应付的客户：

一、向对方巧妙地请教问题

如果对方确实较为难以对付，又或者真的遇到棘手的分歧，我们不妨放弃争论，把自己聪明的一面隐藏起来，展示出我们因无知而愿意虚心求教的优秀品质。每个人都渴望获得他人的尊敬及崇拜，而不愿意放下自己的架子和尊严。尤其在商务活动中，如果对方是久经商战的老手，不妨降低自己的身份，虚心向对方请教，这会让对方因被重视获得心理上的满足感，进而改变对方的态度。

二、学会倾听，将说话机会留给对方

如果我们不能让对方主动参与进来，并以建设性的态度进入到商务交流中，我们就很难真正地将商务交流与合作进行下去。那么，如何让对方参与呢？我们认为，最好避免对方与我们个人之间产生纠纷，而是努力让对方产生就事论事的态度。

有一个办法，在心理学上叫冷却，即我们不主动，而让对方主动。为了做到这一点，我们可以假装有一些不舒服的症状，如自称头疼、嗓子疼、身体不舒服等，把说话机会让给对方；若真的遇到小感冒，则可以更加得心应手地利用这一技巧，如"我今天不舒服，您来说说，很抱歉"，这样就提供了一个"让对方发挥"的机会。

三、欲擒故纵的技巧

欲擒故纵也是一种破解方法。欲擒故纵中的"擒"是目的，"纵"是方法。这一方法可以在商业领域中广泛应用，为了达到目的而不让对方反击，可以采取让对方心理松懈或好奇的策略，进而执行我们的计划。

四、真诚地说出自己的难处

每个人都喜欢选择用倾诉来宣泄自己的情感，进而在倾诉中得到解脱，这是每个人固有的体验。在商业活动中，我们也可以将它作为一种策略加以使用，主要用于博得对方的同情。"倾诉"能够唤起每个人内心的情感体验，在我们向对方倾诉时，对方也会因类似体验不自觉地产生同情的心理。

我们在使用"倾诉"这一策略时有必要掌握以下技巧：

（1）叙述时要自然流畅，不要让对方看出破绽，眼睛不要盯着对方，头略低更能表现一言难尽之状和羞愧之情。

（2）讲述时要声情并茂，叙述到动情处，脸上要表现出无奈、悲痛的表情。

（3）商业活动中倾诉并不是办事不利的理由，因此在叙述时不要有推脱责任的言语，相反要主动承担部分责任。

用幽默来融化客户的坚冰

销售人员:"您好!我是罗森密斯保险公司的保险代理人埃罗汉斯特。"

客户:"哦——(慢条斯理的)两三天前曾来过一个××保险公司的代理人,我没等他把话讲完,便把他赶走了。我是坚决不会投保的,所以无论你对我说什么都是没有用的,我看你还是去寻找别的客户吧,免得你在一个不可能投保的人身上浪费太多的时间。"(此人真会换位思考,还要替埃罗汉斯特着想,想让他节省时间。)

销售人员:"真是太感谢您的关心了。不过,假如您在听完我的介绍之后,还是不甚满意的话,我当场跳楼自尽。无论如何,我都请您为我抽出点时间!"

客户:"哈哈,你真的要跳楼自尽吗?"

销售人员:"不错,就像电影镜头中常见的那样,毫不犹豫地跳下去。"

客户:"那好!我非要让你跳楼不可。"

销售人员:"啊哈!恐怕我要让你失望了,我非要用心介绍,直到你满意不可。"

(然后客户和销售人员不由自主地一起大笑起来。)

幽默可以增进彼此之间的关系,使许多尴尬、难堪的洽谈场面变得轻松,从而促进彼此之间的合作,进而发展更多的客户。

日本推销大师齐藤竹之助说:"什么都可以少,唯独幽默不能少。"这是齐藤竹之助对推销员的特别要求。许多人觉得幽默好像没有什么大的作用,其实是他们不知道怎么运用幽默。

那种不失时机、意味深长的幽默更是一种使人们身心放松的好方法,因为它能让人感觉舒服,有时候还能缓和紧张的气氛,打破沉默和僵局。

据说,美国300多家大公司的企业主管,参加了一项幽默意见调查。这项调查的结果表明:90%的企业主管相信,幽默在企业界具有相当的价值;60%的企业主管相信,幽默感决定着人的事业成功的程度。这一切说明,幽默对于现代人以及现代人的成功至关重要。

幽默要运用得巧妙,有分寸、有品位。运用幽默语言时要注意:千万不要油腔滑调,否则会让人生厌;说话时要特别注意声调与态度的和谐,是否运用幽默要以对方的品位而定。

在你打算轻松幽默一番之前,最好先分析你的产品和你的客户,一定要确信不会激怒对方,因为幽默对有些人来说根本不起作用,说不定还会适得其反。

巧妙拒绝对方的艺术

在商务活动中，对于对方提出的那些不合理条件我们必须加以拒绝。但拒绝要有技巧、有水平。拒绝对方要依据具体问题采取相应的拒绝策略，其实拒绝是在考验双方的心理承受能力，采用的策略和意图都是双方心知肚明的，关键要看心理和技巧上的博弈。

一、在合适的时机使用强势拒绝

这种情况多发生在对方比较纠缠或狡猾的时候，前者让我们十分为难、尴尬，不答应对方就会麻烦不断；后者让我们手足无措，不答应对方自己将陷于不义。

拒绝有时无须过多考虑对方的感受，一旦掺杂了情感因素，很容易让自己陷入被动的局面。如果对方比较纠缠或狡猾，我们应正气凛然，堂堂正正地拒绝对方的要求，对方往往会被我们的气节与气势所折服。

1. 表明立场，态度鲜明

如果对方通过某些手段提出我们难以接受的条件，我们应该立即表明立场，不要表现出犹豫或软弱的样子，否则对方会乘势"追击"，使得我们不得不答应对方的要求。如何才能坚决表明立场呢？那就是通过讲原则来表明立场。

要时刻记住我们的职责，不要轻易退让或应允，尽量按照原计划进行，如果是授权谈判要尽可能地在授权范围内与对方周旋。遇到原则问题，要积极表明自己的态度和立场，不要受对方的诱惑和威胁。

2. 巧问反问，堵住对方的嘴

使用反诘句拒绝对方不但能够让对方哑口无言，还能打击对方贪得无厌或得寸进尺的心理。"我真的希望你们能够再做一点点让步。"我们可以这样反诘："这次谈判如果都按照贵方的要求做出无原则的让步，我方还有利润吗？"对方会意识到我们在拒绝他，但又没办法反驳，这样我们就从容而又有力地回击了对方的无理要求。

甲："你们的优惠太少了啊，还希望能再优惠一点。"

乙："再优惠一点？难道我们要像超市那样天天给你搞活动吗？"

把问题指向第三方事件，把目前事件与第三方事件进行对比，形成一个不符合事实的悖论。这时对方没有反驳的机会，心理上也会觉得不好意思，从而找一些话题绕过去，我们也达到了回绝对方的目的。

采用对比的方式反诘，举例按对方提出的方式执行可能出现的结果，对方会意识到这样做的后果，也就不再坚持了。

3. 连续发问，让对方理屈词穷

如果遇到对方的过分要求，我们可以提出一连串的问题进行质疑。一气呵成的发问会让对方措手不及，来不及思考任何问题，无论对方回答或不回答，也足以表明他提的要求太过分了，这样就巧妙地将责任转移到了对方身上。

这种方法比较适合只顾自己利益而提出过分要求的商业合作方。

二、委婉拒绝对方的技巧

尽管有的时候拒绝对方需要采用较为强势的策略，但大多数商业场合中的拒绝仍然要委婉一些，因而也更需要讲究心理策略。特别是遇到关系深厚的商业伙伴，过于简单的拒绝会让我们失去对方，从而错失商机。为此，我们应该选择灵活的方式婉拒对方。下面这些技巧是商务活动必须掌握的拒绝技巧：

1. 转移话题

心理学研究发现，如果人在注意力专一的时候，恰当地插入新的刺激，那么他的注意力会转移到新的"刺激"上来。在谈判中如果遇到难以回复或难以满足的要求，我们可以转移当下的话题，将对方的注意力转移到某一话题上。

2. 寻找借口

寻找借口，把问题推向与己无关的事物或事件上去，对方的注意力也会随之转移，从而使对方不再对我们纠缠。

3. 回避，不置可否

回避是最常见的一种拒绝方式，其关键在于模棱两可的态度，让对方摸不着头脑或失去坚持的耐心。回避的惯用方式有下面几种：

第一，保持沉默。

对方提出我们无法满足的要求时，我们可以保持沉默，既不表示同意，又不否认。对方捉摸不透我们的心理，一段时间后就会重新选择其他的话题作为讨论的内容。但在使用时要注意一些问题：（1）使用前提是要看我方在谈判中的地位，如果我方占主导地位可以使用。（2）要恰当地选择使用时机和对象，不要在老客户身上使用。（3）持续时间视现场而定，如果对方显示出惊讶、焦躁不安的神情，我们应该坚持下去；如果对方表现得悠然自得，我们应先开口，并转移话题。

第二，推托其辞。

推托其辞可以在不便说明真相时使用，如"只要上级批准，我立刻执行"，对方无法围绕这个问题继续纠缠，只能接受现实。

第三，答非所问。

答非所问的目的就是提醒或暗示对方"我不同意或换个话题"。

甲："请介绍一下公司的产品研发情况吧！"

乙："我们的服务很周到呢。"

我们无法满足对方要求时可以回答一些毫不相关的问题，暗示对方"这是不可能的"，如果对方领略了，就不会再纠缠下去了。回答的问题不要与上句问题没有任何关联，要包括内在联系、逻辑关系、理论关系等。

第五章
因人而谈：认清对象说对话，对症下药好推销

不给反复无常型客户退路

销售心理学一点通：找到空隙就要趁热打铁，紧追不舍；否则最后只得放手。

相信许多行销人员在进行行销时，都会碰上这样一种客户：情绪化很强，答应好的事，过不了多久就又变卦了。因此又称他们为"反复无常型"客户。

那么，遇到这种反复无常型的客户，行销人员怎么应付比较妥当呢？

"喂！陈总您好，我是小刘，上次咱们谈关于安装机器的事，我今天派安装人员过去，您安排一下吧！"

"呀，这个事啊，是今天吗？小刘你这样，我今天很忙，你过两天再打电话过来，咱们再谈。"

"陈总，咱们这事已经定过三次了，您对这个机器也满意，现在天也冷了，尽快安上也可以避免很多麻烦，您说对吧？"

"对，这是肯定的。"

"陈总，今天您开会从几点到几点？"

"这个会估计要开到11点。"

"那您下午没别的安排吧？"（寻找空档。）

"下午很难说。下午我跟客户有个聚会。"

"陈总，这样，我们的人现在就过去。咱们花半个小时，您安排一下，接下来的工作，我们就和其他人具体交涉了，您还去参加您的聚会，没问题吧？"

"那好吧。"

针对这种反复无常型客户，心急吃不了热豆腐，销售人员首先要有足够的耐心。

小刘已经第四次与陈总接洽了，每次陈总给人的印象都很爽快，但等到小刘催单的时候他却三番五次地反悔。在有些情况下，拍板人爽快地同意，只是进一步考虑怎么为自己脱身争取时间。小刘通过分析确认陈总属于反复无常型客户，于是有针对性地设计了以上说辞。

从对话中，可以看出陈总在前一次电话里答应得很爽快，但等到小刘说要派人去安装的时候，他马上又改变了主意。小刘看他又要玩"太极"，马上强调天冷，不赶紧安装就会出现别的麻烦。陈总只能用"对，这是肯定的"作答，从而为自己争取时间考虑怎么脱身。为了不让他再拖了，小刘要从他的时间安排里找到空隙，这样，就不会给他再次"拖"的机会和借口。不要以为再约一个时间就一切都解决了，小刘在陈总说"下午很难说。下午我跟客户有个聚会"中使用了策略，防止拍板人一切从头再来。因此，最后小刘紧追不舍，不给他出尔反尔的机会，让其立即拍板。

对待这种反复无常型客户就应该像小刘一样，不给客户一再拖延的机会。找到空隙就要趁热打铁，穷追不舍，否则最后只能放手。另外，一些客户接到你的电话并不准备倾听或进行建设性的对话，甚至会攻击你，在被客户攻击时仍然要保持愉快的心态，不要在意客户对你的不敬。这也体现出了一名合格的行销人员的修养与素质。

多肯定理性型客户的观点

销售心理学一点通：在谈判中要善于运用客户的逻辑性与判断力强的优点，不断肯定他们，这样才会取得行销的良好效果。

有些客户是偏重于理性思考的，这种人的好奇心非常强，喜欢收集各方面的信息，提出的问题也会比其他类型的购买者多。其实，销售人员在接通电话后，可以通过下面的一些方法识别这种类型的客户：如他们最常说的话就是"怎么样""它的原理是什么""怎么维修""通过什么方式给我送货啊"，甚至有时候他们也会问"你多大了""接待的顾客都是什么样的""你干这一行多长时间了"，等等。

他们逻辑性强，好奇心重，遇事喜欢刨根问底，还愿意表达自己的看法。作为一名行销人员，就要善于利用这些特点，在销售过程中多肯定他们的观点。

因为，对于这类客户，在谈话时，即使是他的一个小小的优点，如果能得到肯定，他的内心也会很高兴的，同时他对肯定他的人也会产生好感。因此，在谈话中，一定要用心地去发现对方的价值，并加以积极的肯定和赞美，这是获得对方好感的绝招。比如对方说："我们现在确实比较忙。"你可以回答："您坐在这样的领导位子上，肯定很辛苦。"

常用的表示肯定词语还有"是的""不错""我赞同""很好""非常好""很对"，等等。在谈话中切忌用"真的吗""是吗"等一些表示怀疑的词语。

行销人员小刘上次打电话拜访张经理向他推荐A产品，张经理只是说"考虑考虑"就把他打发走了。小刘是个不肯轻易放弃的人，在做了充分的准备之后，再一次打电话拜访王经理。

小刘：张经理，您好！昨天我去了B公司，他们的A产品系统已经正常运行了，他们准备裁掉一些人以节省费用。（引起话题——与自己推销业务有关的话题）

张经理：不瞒你说，我们公司去年就想上A产品系统了，可经过考察发现，很多企业上A产品系统钱花了不少，效果却不好。（客户主动提出对这件事的想法——正中下怀）

小刘：真是在商言商，张经理这话一点都不错，上马一个项目就得谨慎，大把的银子花出去，一定得见到效益才行。只有投入没有产出，傻瓜才会做那样的事情。不知张经理研究过没有，他们为什么失败了？

张经理：A 系统也好，S 系统也好，都只是一个提高效率的工具。如果这个工具太先进了，不适合自己企业使用，怎能不失败呢？（了解到客户的问题）

小刘：精辟极了！其实就是这样，超前半步就是成功，要是超前一步那就成先烈了，所以企业信息化绝对不能搞"大跃进"。但是话又说回来了，如果给关公一挺机枪，他的战斗力肯定会提高很多倍的，您说对不对？（再一次强调 A 系统的好处，为接下来的推销做基础）

……

小刘：费用您不用担心，这种投入是逐渐追加的。您看这样好不好，您定一个时间，把各部门的负责人都请来，让我们的售前工程师给大家培训一下相关知识。这样您也可以了解一下您的部下都在想什么，做一个摸底，您看如何？（提出下一步的解决方案）

张经理：就这么定了，周三下午两点，让你们的工程师过来吧。

作为推销员的小刘，虽然再次拜访张经理的目的还是推销他的 A 产品系统，但是他却从效益这一被关心的话题开始谈起，一开始就吸引了张经理的注意力。在谈话进行中，小刘不断地对张经理的见解表示肯定和赞扬，认同他的感受，从心理上赢得了客户的好感。谈话进行到这里，我们可以肯定地说小刘已经拿到了通行证。

所以，在同理性的客户谈判时，就要先从你的产品如何帮助他们，对他们有哪些好处谈起，尽快引起他们的兴趣，但是也不要把所有的好处都亮出来。同时，在谈判中要善于运用他们的逻辑性与判断力强的优点，不断肯定他们，这样才会获得良好的行销效果。

让迟疑的客户产生紧迫感

销售心理学一点通：人们往往对于常见的东西不珍惜，对于稀有的东西就珍惜不已。何况是迟疑不决的人，他们害怕丢失机会。

有的客户对商品的各方面都还基本满意，且资金上也支付得起，就是不知什么原因总迟迟不敢下定决心。这时你需要制造紧迫感。

广告公司业务员小童，与客户马经理已经联系过多次，马经理顾虑重重，始终做不了决定。小童做了一番准备后，又打电话给马经理。

"喂，马经理您好，我是××公司的小童。"

"噢！是小童啊。你上次说的事，我们还没考虑好。"

"马经理，您看还有什么问题？"

"最近两天，又有一家广告公司给我们发来了一份传真，他们的广告牌位置十分优越，交通十分便利，我想宣传效果会更好一些。另外，价钱也比较合适，我们正在考虑。"

小童一听，明白马经理又开始动摇了。于是他向马经理发出最后的进攻："马经理，您的产品的市场范围我们是做过一番调查的，而且从您的产品的性质来讲，我们的广告牌所处的地段对您的产品是最合适不过的了。您所说的另外一家广告公司所提供的广告牌位置并不适合您的产品，而且他们的价格也比我们高出不少，这些因素都是您必须考虑的。您所看中的我们公司的广告牌，今天又有几家客户来看过，他们也有合作的意向，如果您不能做出决定的话，我们就不再等下去了。"

马经理听到这些话，认为小童说得有道理，最后主动约小童来公司面谈具体合作事宜。

人们往往对于常见的东西不珍惜，对于稀有的东西就珍惜不已。何况是犹豫不决型的人，他们害怕丢失机会。比如，你可以说："这是最后一批货了，以后没有了，也不会再生产了。到时，您想买也买不上了。""我是真心想帮您，但您错过了这个机会，我想帮您也帮不上了。"如此一来，产生的效果也很不错。因为迟疑的客户受不了这种紧迫感，最终就会签订合同。

对待迟疑的人，还有另外一种方法：激将法。激将法需要灵活运用，比如一个客户在面对一件昂贵的衣服而犹豫不决时，销售人员不妨说："这件衣服很贵，不适合你购买。"客户的自尊受到了挑战，他会为了证明自己的购买能力而将衣服买下。

无论是制造紧迫感，还是激将法，都得积极主动地去刺激客户，调动起客户的购买欲。这在推销过程中是很重要的。如果你只是一味等待客户来与你洽谈，你的推销工作将很难成功。通过制造紧迫感，使顾客的心理在你的掌控之下，成交也就会变得极其容易。

让墨守成规型客户看到实用价值

销售心理学一点通：墨守成规型客户永远追求商品的实用价值！当他们看到商品的实用价值时，就好比是让老葛朗台见到了金子！

在消费活动中，物美价廉是大部分客户追求的目标。如果将其拆分为"物美"和"价廉"两部分，很明显，价廉针对的是爱占便宜型客户，那"物美"最适合的是哪类客户呢？

相对于追求新潮、时时求变的客户来说，墨守成规的客户显得思维比较保守、性格比较沉稳，不易接受新事物，做任何事情都遵循规律是他们的习惯。经研究分析发现，在生活中墨守成规的人总是循规蹈矩，喜欢用一些条条框框来约束自己的行为，他们做事往往表现得很细心、很沉稳，善于倾听，更善于分析。他们的眼光也比较挑剔。在消费观念上，墨守成规的客户总是喜欢在同一家商店购买商品，并且往往认准一个牌子的东西就会一直用下去。他们非常容易被先前的观念影响，并且一旦形成固定的模式就很难改变。对于销售员来说，墨守成规型客户是很难被说服的。

墨守成规型客户还有一个明显特点：在选购商品的时候最注重商品的安全和品质。他们会对商品做出理智的分析和判断，适合自己长期使用的才会购买。值得一提的是，他们追求产品的优等质量，却限于实用的范畴内。太高档的产品是他们所不能够接受的，因为他们认为高档的、华而不实的消费是奢靡的，不值得提倡。

了解了墨守成规型客户的心理特点之后，搞定这类客户的方法也就出来了：我们先要耐心地给他们进行商品介绍与讲解，不能着急。因为急于求成反而会让这类客户产生怀疑，顽固心理会更加强烈，使他们更加坚不可摧。其次，我们要将产品实力作为一个很好的突破口，让他们在对比中发现我们的产品比其他的产品具有更好的性能。就这样潜移默化地改变客户的观念，让他们接受商品，进而做出购买决定。在使用这个方法的时候，我们一定要沉住气，按照客户的节奏，用产品能够给其带来的实实在在的好处来慢慢说服他们，这样才能打动墨守成规型客户的心。我

们可以看一下小谢是怎么运用这一计策的:

　　小谢所任职的打字机公司店面生意不错,从早上开门到中午已经卖出去好几台打字机了,当然小谢的功劳是很大的。此时又有一位顾客来询问打字机的性能。小谢介绍道:"新投放市场的这类机型的打字机采用电动控制装置,操作时按键非常轻巧,自动换行跳位,打字效率比从前提高了15%。"

　　他说到这里略加停顿,静观顾客反应。当小谢发现顾客目光和表情已开始注视打字机时,他觉得进攻的途径已经找到,可以按上述路子继续谈下去,而此时的论说重点在于把打字机的好处与顾客的切身利益挂钩。

　　于是,他紧接着说:"这种打字机不仅速度快,可以节约您的宝贵时间,而且售价比同类产品还略低一点!"

　　他再一次停下,专心注意对方的表情和反应。顾客显然受到这番介绍的触动,心里正在思量:既然价格便宜又可以提高工作效率,那它准是个好东西。

　　就在这时,小谢又发起了新一轮攻势,此番他逼得更紧了,他用拉家常的口吻对顾客讲道:"先生看上去可是个大忙人,有了这台打字机就像找到了一位好帮手,工作起来您再也不用担心时间不够了,下班时间也可以比以前早,这下您就有时间跟太太常在一起了。"小谢的一席话说得对方眉开眼笑。

　　小谢一步步逼近顾客的切身利益,抓住对方关心的焦点问题,成功地敲开了顾客的心扉。

从这个销售场景中，我们可以发现，小谢是一个特别会察言观色的销售员，这一点是销售高手必须具备的素质。他在介绍打字机优点的时候，捕捉到客户的目光已经开始注视打字机了，于是他立即知道客户已经有些动心了。接下来，他用"这种打字机不仅速度快，可以节约您的宝贵时间，而且售价比同类产品还略低一点"这句话，巧妙地将购买打字机的好处与客户的切身利益挂钩。等客户更加心动的时候，他发起更紧迫的攻势，一步步逼近客户的切身利益，让客户觉得不买都对不起自己，销售也就大功告成了。

场景中的客户少言寡语，但是小谢用直接切中商品实用价值这个方法征服了他。这说明，墨守成规型的客户虽然思想相对守旧，不容易接受新产品，也比较难以被说服。但是只要销售员能够耐心为他们详细讲解产品的好处，并让客户真实感受到，打动这类客户的心也并非不可能。

给内向型客户信赖和可靠感

销售心理学一点通：销售员对待内向型客户的对策就是一如既往地温柔对待，要细致入微地体验他那颗敏感多疑的心，理解他、体谅他、接近他，打消他的疑虑。

心理学研究发现，相比性格开朗、易于沟通的外向型的人，性格封闭、不易接近的内向型的人其感情及思维活动更加倾向于他们的心灵，他们的感情比较深沉。他们不善言辞，待人接物小心谨慎，一般情况下他们避免甚至害怕与陌生人接触。虽然内向性格的人比较爱思考，但他们的判断力常常因为过分担心而变弱，他们甚至变得优柔寡断。对于新环境或新事物的适应，他们往往需要很长的周期。

　　由于内向型客户对陌生人的态度比较冷漠，且情绪内敛、沉默少言，在消费过程中也会小心翼翼，甚至久久拿不定主意，使得销售员的销售工作很难有进展。在销售的过程中，往往是销售员问一句，神情冷漠的内向型客户答一句，不问就不答。交谈的氛围相当沉闷，销售员的心情也会比较压抑，想要迅速促成交易往往是很困难的事情。

　　然而，在面对内向型客户的时候，我们真的就束手无策了吗？有没有什么办法能帮我们打开这些客户的钱包呢？

　　答案是肯定的。实际上，内向型客户也没那么难以搞定，我们的销售员切勿被内向型客户的外表和神情所蒙骗，从而打起了退堂鼓。善于观察的销售员会发现，虽然内向型客户少言寡语，甚至表面看上去反应迟钝，对销售员及其推销的商品都表现得不在乎，不会发表任何意见，但实际上他们是在认真地听，并且已经对商品的好坏进行了思考。

　　其实，内向型客户非常细心，只是由于其性格中对陌生人极强的防御和警惕本能,使得他们即使很赞同销售员的观点,也不会说太多的话。他们嘴上不说,但是心中有数,一旦开口,所提的问题大多很实在、尖锐并且切中要害。

所以,销售员对待内向型客户的办法就是一如既往地温柔对待,要细致入微地体验他那颗敏感多疑的心,理解他、体谅他、接近他,打消他的疑虑,让他感觉到安全、温暖和踏实。取得他的信赖后,再向他推销产品就是水到渠成的事情了。

王建是某手机超市的销售员。有一天,一位先生来店里看手机,很多当班的柜台销售员都主动跟他打招呼,热情地询问对方需要什么样的手机。每一次被询问,这位先生都只是说自己随便看看,到每个柜台前都是匆匆地看一下就迅速离开了。面对许多销售员的热情询问,这位先生显得有些窘迫,脸涨得通红,转了两圈,觉得没有适合自己的手机,就准备离开了。

这时王建根据经验,判断出该客户是一个比较内向腼腆的人。并且根据观察,王建断定客户心中肯定已经认定了某一品牌的手机,只是由于款式或者价格等原因,或者是由于被刚才那些销售员的轮番"轰炸",有些不知所措而一时失去了主意。

于是,王建很友好地把客户请到自己的柜台前,他温和地说:"先生,您是不是看上某款手机,但觉得价格方面不是很合适?如果您喜欢,价格可以给您适当的优惠。先到这边来坐吧,这边比较安静,咱再聊聊!"客户果然很顺从,王建请他坐下,与他聊起天来。

王建开始并没有直接销售手机，而是用闲聊的方式说起自己曾经买手机，因为不善言辞而出丑的事。他说自己是个比较内向的人，做推销后这几年变化挺大。与客户聊了这样的话题以后，客户显然对他产生了一定的信任，于是在不知不觉中主动向王建透露了自己的真实想法。

王建适时地给他推荐了一款适当的机型，并且在价格上也做出了一定的让步，给客户一定的实惠。同时王建还给客户留了自己的电话，保证手机没有质量问题。最后，客户终于放心地购买了自己想要的手机。

其实内向型客户并不是真的冷若冰霜、难以沟通，他们往往用冷漠来保护自己，却拥有一颗火热的心。只要他们通过自己的判断觉得你比较诚恳，他们也会表达出善意。而双方越熟悉，他们就越会信任你，甚至依赖你。对于缺乏判断力的内向型客户来说，只要他们信任你，他们甚至会让你替他们做决定。而且如果他们对你的产品感到满意，他们就会变成你的忠实客户。因此，利用温柔攻势、切实为客户着想，获取客户的信任是面对内向型客户的制胜法宝。

不对随和型客户狂轰滥炸

销售心理学一点通：说服随和型客户最好的办法就是消除客户的疑虑，用真诚来给客户施加压力，攻破客户的心理防线，使客户没有拒绝的理由。

想一想，在生活中，你最喜欢与什么样的人交往？作为销售人员，你最喜欢与什么类型的客户打交道？在这两个问题的回答中，"随和型"占了大多数。可是，你真的了解随和型的人的特点吗？

随和型的客户性格温和、态度友善，面对向他们介绍或者推销产品的销售员时，他们往往会比较配合，不会让人难堪。即使他们并不需要产品，他们也会耐心地等待销售人员介绍完，因为他们喜欢规避冲突和不愉快。

在规避冲突的同时，随和型客户也回避着压力，他们不喜欢被施加压力的感觉，对压力本能地排斥，甚至恐惧。随和型客户最大的缺点就是做事缺乏主见，比较消极被动，在购买时总是犹豫不决，很难做出决定。而此时销售员如果能够适当给其施加压力，就会迫使他们做出选择。销售员若能够利用这一点，适当地给客户施加一点压力，就会很快促进交易的达成。当然一定要注意施加压力的方式和尺度，比如销售员可以以专业自信的言谈给客户积极诚恳的建议，并多多使用肯定性的语言加以鼓励，促使客户尽快做出决定。

在一家电脑专卖店，进来一位姓张的顾客，导购员刘芳看到顾客进门，忙走过去介绍一款品牌笔记本电脑，言辞急切，劝说张先生尽快购买。张先生虽然点头称是，并微笑着倾听刘芳的介绍，却并没有购买的意思。

这时另一名导购王刚经过，发现张先生是一个比较随和的人，却缺乏主见。而刘芳急于推销，显然已经有些让张先生不舒服，激起了他的逆反心理。张先生对刘芳表现出了不信任，所以即使她再苦口婆心地劝说，张先生也不会购买的。

于是王刚走上前来，礼貌温和地说："张先生，既然您暂时决定不了，不如我带您看看其他品牌的电脑，您可以对比一下，想好之后再做决定。"

张先生很高兴地同意了。王刚耐心地带他看了七八款笔记本电脑，并认真地介绍各款产品的特点。在他选出两种之后，又帮他做了详细的比较分析，最终张先生拿定了主意。鉴于王刚专业而周到的服务，张先生对他非常信任，在这次购买电脑之后，又多次前来光顾。

场景中的销售员王刚就是摸清了客户的心理，并根据客户的特征，对其做了积极的引导，最终促成了交易，并在今后依然得到客户的信任。随和型客户表面上看似温和、性子慢、有耐心，但是其内心也是十分固执的。销售员急于把商品推销给客户，软磨硬泡，使劲将产品往客户怀里推，会让客户非常不舒服并且产生怀疑，销售员越热情，客户越拒绝。虽然随和型客户不会大发脾气，夺门而去，却会拒绝到底。

对于随和型客户，狂轰滥炸起不了作用，反而容易引起客户的反感，因为随和型客户害怕受到压力，不喜欢受到别人的强迫。说服这样的客户最好的办法就是消除客户的疑虑，用真诚来给客户施加压力，攻破客户的心理防线，使客户没有拒绝的理由，最终水到渠成地促成交易。

第六章
把话说到点子上：
有话说到明处，有药敷在痛处

切中客户追求的自我重要感

小张和小孟是同一家公司的销售员,两个人销售同一种产品,而且恰巧同时面对一个客户销售。小张销售时一直很专业地介绍自己的产品,却无法被客户喜欢和接受;而小孟大部分时间在与客户闲聊,并不时向客户请教一些问题,适当地表示感谢,对产品的介绍仅仅是一带而过,结果是小孟当场成交。为什么会这样?

这就是自我重要感。客户真正需要的并不仅仅是商品本身,更重要的是一种满足感。

为什么小张不受客户欢迎?是因为他一直在滔滔不绝地介绍自己的产品,而忽略了对客户起码的尊重和感谢。而小孟始终对客户恭敬有礼,不时的请教和感谢让客户感觉自己受到了足够的重视,给客户一种他很重要的感觉,从而使客户被重视的心理得以满足,于是很自然地从情感上对小孟也表示了认同,促成了交易。

客户选择购买的原因,从心理学的角度分析,是希望通过购买商品和服务而得到解决问题的方案及获得一种愉快的感觉,从而获得心理上的满足。所以,可以这样说,客户真正需要的除了商品，更是一种心理满足，心理满足才是客户选择购买的真正原因。

劳尔是铁管和暖气材料的推销商，多年来，他一直想和某地一位业务范围极大、信誉也特别好的铁管批发商做生意。

但是由于那位批发商是一个特别自负、喜欢使别人发窘的人，他以无情、刻薄为荣，所以，劳尔吃了不少苦头。每次劳尔出现在他办公室门前时，他就吼道："不要浪费我的时间，我今天什么也不要，走开！"

面对这种情形，劳尔想，我必须改变策略。当时劳尔的公司正计划在一个城市开一家新公司，而那位铁管批发商对那个地方特别熟悉，在那地方做了很多生意。于是，劳尔稍加思考，又一次去拜访那位批发商，他说："先生，我今天不是来推销东西，是来请您帮忙的，不知您有没有时间和我谈一谈？"

"嗯……好吧，什么事？快点说。"

"我们公司想在××开一家新公司，而您对那地方特别了解，因此，我来请您帮忙指点一下，您能赏脸指教一下吗？"

闻听此言，那个批发商的态度与以前简直判若两人，他拉过一把椅子给劳尔，请他坐下。在接下来的一个多小时里，他向劳尔详细地介绍了那个地方的特点。他不但赞成劳尔的公司在那里办新公司，还着重向他说了关于储备材料等方面的方案。他还告诉劳尔他们的公司应如何开展业务。最后扩展到私人方面，他变得特别友善，并把自己家中的困难和他与夫妻之间的不和也向劳尔诉说了一番。

最后，当劳尔告辞的时候，不但口袋里装了一大笔初步的装备订单，而且两个人之间还建立了友谊。从那以后，两个人还经常一块儿去打高尔夫球。

心理学家弗洛伊德说，每一个人都有想成为伟人的欲望，这是推动人们不断努力做事的原始动力之一。因为渴求别人的重视是人类的一种本能和欲望。渴望被人重视，这是一种很普遍的、人人都有的心理需求，我们每个人都在努力往高处爬，希望得到更多的利益和更高的地位，希望得到别人的尊重和喜欢。

重要感更存在于消费者的消费心理中，特别是在生存性消费需要得到满足之后，客户更加希望能够通过自己的消费得到社会的承认和重视。敏锐的销售员已经意识到，顾客的这种心理需求正好给销售员推销自己的商品提供了一个很好的突破口，销售员可以通过刺激客户的自我重要感来促成客户的购买决定。

与寻求重要感相对的，是害怕被人轻视的心理。销售员要仔细观察，适当地通过反面刺激达到欲扬先抑的效果。所以在销售过程中，销售员适度地说一些反面的话来刺激客户的自尊心，从而引发他的自我重要感，才可能会促使客户一狠心买下更贵的产品以证明自己不容被小视。

真诚地尊重客户，给他们以重要感，是打开对方心门的金钥匙。销售员要永远让客户感受到自己的重要性，多给客户一些关心和理解，对客户尊重和付出，这样才会得到客户同样甚至更多的回报。

透露价值的冰山一角，激发客户的好奇心

不少销售人员花费大量的时间来满足客户的好奇心，却很少想过要努力激起客户的好奇心。他们的看法是自己的价值存在于自己为客户所提供的信息，所以就四处拜访，不厌其烦地向客户反复陈述自己的公司和产品的特征，以及能给客户带来的利益。

这些销售人员忽略了引起客户好奇心的一个重要方式就是显露产品价值的冰山一角。因为在客户面前晃来晃去的价值就像诱饵一样，他们很想获得更多信息。如果客户开口询问，你就达到了主要目的：成功激发客户的好奇心，使客户主动邀请你进一步讨论他们的需求和你所能提供的解决方案。这种技术实际上就是利用刺激性的问题提供部分信息，让客户看到产品价值的冰山一角。

推销员："喂，您好，请问李总在吗？"

客户："我就是。"

推销员："李总，我是致远公司的小刘，您最近来信询问 AH 型产品，我很高兴能为您介绍我们的产品，以及其对您的公司将有何帮助。请问您现在方便谈话吗？"

客户:"可以,你说吧。"

推销员:"李总,能否先请您告诉我,现在贵公司的 AD 型产品情形如何,还有您为什么想要了解我们的产品?"

客户:"我们让员工自己操作 AD 型机器,老是搞得一团糟,许多机器都损坏了。所以我想了解一下 AH 型产品的厂商……"

推销员:"李总,我们绝对可以让贵公司所有员工都感到满意,而且提供安装维修服务。不过,我可不可以提个建议?"

客户:"当然。"

推销员:"如果您方便的话,我亲自去拜访,跟您详细解说。您可以对我们公司和我们的产品有更清楚的了解,这在电话里不容易说清楚。您觉得这样如何?如果可以的话,我等一下就过去拜访,或是明天,您看什么时候方便呢?"

客户:"我看明天下午 3 点好了。"

推销员以提出建议的方式透露出产品价值的冰山一角,并以此激发客户的好奇心,吸引客户的注意力,让客户感到这一建议有助于改变现在的糟糕状态。说完这些,推销员也因此获得了进一步沟通和了解的机会。

把话说到点子上，刺激客户的购买欲

销售人员："先生，中学是最需要开发智力的时候，而我们公司开发的游戏软盘对您孩子的智力提高一定有很大的帮助。"

客户："我们不需要什么游戏软盘。孩子都上中学了，哪敢让他玩游戏啊？"

销售人员："这个游戏是专门针对中学生设计的益智游戏，它把游戏与数学、英语结合在一块儿，绝不是一般的游戏。"

客户："游戏与学习结合在一起？"

销售人员："对，现在是知识爆炸的时代，不再像我们以前那样只是从书本上学知识了。您不要以为玩游戏会影响学习，以为这个游戏软盘是害孩子的，游戏软盘设计得好也可以成为孩子学习的重要工具。"

客户："想法倒不错。"

销售人员："现在的孩子真幸福，一生下来就处在一个开放的环境中。家长们为了孩子的全面发展，往往投入了很大的精力。刚才有好几位家长都订购了这种游戏软盘，家长们都很高兴能有这种既能激发孩子学习兴趣，又能使家长不再为孩子玩游戏而烦恼的产品，还希望以后有更多的系列产品呢！"

客户："多少钱一个呀？"

出色的口才不仅要求口齿伶俐、思维敏捷，还要求语言要有逻辑性，把话说到点子上。对于推销员来说，良好的口才是说服客户的利器，是把握主动权的保证。

案例中，当客户认为玩游戏会影响孩子的学习时，推销员把自己的游戏软盘与中学生的智力开发问题联系起来，并且把游戏软盘定位于帮助孩子学习的重要工具。我们知道，家长非常重视孩子的学习和智力开发，推销员这样说就说到点子上了，说到客户心里去了。果然，客户被打动了，交易做成了。

在这个案例中，推销员充分发挥了自己形象思维的优势，巧妙地运用了口才艺术，一步一步、循循善诱，吸引了客户的注意力，激发了客户的购买欲。可见，推销员要取得很好的销售业绩，就必须摸透客户的心理，做到把话说到点子上。

抓住最能令客户心动的卖点，并无限扩大

发现客户对某一个独特的卖点感兴趣时，就要及时强调产品的独特卖点，把客户的思维始终控制在独特的卖点上，促使其最后做出购买的决策。

销售员："早上好，宋经理，我是M乳品公司的客户经理陈玉田，想和您谈一谈我们产品进店的事宜，请问您现在有时间吗？"

（通过前期了解，销售员已经知道卖场的负责人姓名及电话。）

客户："我现在没有时间，马上就要开部门例会了。"

（急于结束通话，很显然对此次交谈没有任何兴趣。）

销售员："那好，我就不打扰了。请问您什么时间有空，我再打电话给您？"

（这时一定要对方亲口说出时间，否则你下次致电时他们还会以另一种方式拒绝。）

客户："明天这个时间吧。"

销售员："好的，明天见。"

（明天也是在电话里沟通，但"明天见"可以拉近双方的心理距离。）

周二早晨，销售员再次拨通了宋经理办公室的电话。

销售员："早上好，宋经理，我昨天和您通过电话，我是M乳品公司的客户经理陈玉田。"

（首先要让对方想起今天致电是他认可的，所以没有理由推脱。）

客户："你要谈什么产品进店？"

销售员："我公司上半年新推出的乳酸菌产品，一共5个单品，希望能与贵卖场合作。"

客户："我对这个品类没有兴趣，目前卖场已经有几个牌子销售了，我暂时不想再增加品牌了，不好意思。"

（显然已经准备结束谈话了。）

销售员："是的，卖场里确实有几个品牌，但都是常温包装。我公司产品是活性乳酸菌，采用保鲜包装，消费者在同等价格范围内肯定更愿意购买保鲜奶。其次我公司产品已全面进入餐饮渠道，尤其是您附近的那几家大型餐饮店，有很多消费者都到卖场里进行二次消费。我公司采用'高价格高促销'的市场推广策略，所以我公司产品给您的毛利点一定高于其他乳产品。"

（用最简短的说辞提高对方的谈判兴趣。在这段话中销售员提到了产品卖点、已形成的固定消费群体、高额毛利，每一方面都点到为止，以免引起对方的反感从而结束谈判。）

客户（思考片刻）："还有哪些渠道能销售你的产品？"

（对方已经产生了兴趣，但他需要一些数据来支持自己的想法。）

销售员："现在已经有100多家超市在销售我们的产品了，其中包括一些国际连锁店，销售情况良好，我可以给您出示历史数据。"

（通过对事实情况的述说增强对方的信心。）

客户："好吧，你明天早上过来面谈吧，请带上一些样品。"

从销售的角度来说，没有卖不出去的产品，只有卖不出去产品的人。因为聪明的推销员总可以找到一个与众不同的卖点将产品卖出去。独特卖点可以与产品本身有关，有时候，也可以与产品无关。独特卖点与产品有关时，可以是产品的独特功效、质量、服务、价格、包装等；与产品无关时，销售的就是一种感觉，一种信任。以上两个销售故事就是推销员用独特的卖点打动客户的典型案例。

案例中的销售员在首次通话时，买方没有给销售员交谈的机会，很多销售员在此刻只能无奈地结束通话。而本案例中的销售员表现出灵活的应变能力，争取了一次合理的通话机会。在第二次通话时，面对买方的拒绝，销售员按照电话谈判的要点，在很短的时间内简洁地向对方告之产品的独特卖点与竞争优势，成功地提高了对方的谈判兴趣，最终赢得了双方常规谈判的机会。

总之，如果你想卖出产品，就先把产品的独特卖点找出来并展示给客户。

给客户制造"失落感"，让他们有渴望购买的冲动

有一个女推销员推销价格相当高的百科全书，业绩惊人。同行们向她请教成功秘诀时，她说："我选择夫妻都在家的时候上门推销，手捧百科全书先对那位丈夫说明来意，进行推销。讲解结束后，总要当着妻子的面对丈夫说：'你们不用急着做决定，我下次再来。'这时候，妻子一般都会做出积极反应。"

相信搞过推销的人都有同感：让对方下定决心，是最困难的

一件事情。特别是要让对方掏钱买东西，简直难于上青天。半路离开推销这一行的人，十有八九是因为始终未能掌握好促使对方下决心掏钱的功夫。在推销术语中，这就是所谓的"促成"关。有句话说得好，"穷寇莫追"，通俗点讲就是："兔子急了也会咬人。"在对方仍有一定实力时，逼得太急，只会让对方全力反扑，危及自己。因此，高明的军事家会使对手消耗实力，丧失警惕，松懈斗志，然后一举擒住对手。以"纵"的方法，更顺利地达到"擒"的目的，效果自然极佳，但若没有绝对取胜的把握，绝不能纵敌。猫抓老鼠，经常玩"欲擒故纵"的把戏，就是因为猫有必胜的能力。人和电脑不同，人是由感情支配的，一般人在做出某个决定前，会再三考虑，犹豫不决。尤其是如果这个决定需要掏腰包，他或她更是踌躇再三。这种时候，就要其他人给他或她提供足够的信息，促使其下决心，推销员就要充当这样的角色。要想顺利成交还需要推销员积极促成。不过，人都有自尊心，不喜欢被别人逼迫，不愿意"迫不得已"就范，"欲擒故纵"就是针对这种心理设计的。

当对方难以做出抉择，或者抬出一个堂皇的理由拒绝时，该怎么办？

"这件艺术品很珍贵，我不想让它落到附庸风雅、不懂装懂的人手里。对那些只有一堆钞票的人，我根本不感兴趣。只有那些真正有品位、热爱艺术、懂得欣赏的人，才有资格拥有这么出色的艺术珍品。我想……"

"我们准备只挑出一家打交道,不知道你够不够资格……"

"这座房子对你来说,可能大了一点,也许,该带你去别的地方,看一看面积小一点的房子。那样,你可能感觉满意一点。"

具体促成时的方法更是数不胜数。在恰当的时机,轻轻地把对方爱不释手的商品取回来,造成对方的"失落感",就是一个典型的欲擒故纵的例子。还有,让对方离开尚未看完的房子、车子,都是欲擒故纵。采用这一类动作时,掌握分寸最为关键,千万不能给人以粗暴无礼的印象。

第七章
挡住借口：让客户从说「不」到说「是」

客户嫌贵时怎么办

销售心理学一点通：在销售中，行销人员若善于运用数字技术就可以化解顾客的价格异议。

价格异议是任何一个推销员都遇到过的情形。比如"太贵了""我还是想买便宜点的""我还是等价格降下来时再买这种产品吧"等。对于这类反对意见，如果你不想降低价格的话，你就必须向对方证明你的产品的价格是合理的，是产品价值的正确反映，使对方觉得你的产品物有所值。

一位推销员正在向客户电话推销一套价格不菲的家具。

客户："这套家具实在太贵了。"

推销员："您认为贵了多少？"

客户："贵了1000多元。"

推销员："那么咱们现在就假设贵了1000元整，先生您能否认可？"

客户："可以认可。"

推销员："先生，这套家具您肯定打算至少用10年以上再换吧？"

客户："是的。"

推销员:"那么就按使用 10 年算,您每年也就是多花了 100 元,您说是不是这样?"

客户:"没错。"

推销员:"1 年 100 元,那每个月该是多少钱?"

客户:"哦!每个月大概就是 8 元多点吧!"

推销员:"好,就算是 8.5 元吧。您每天至少要用两次吧,早上和晚上。"

客户:"有时更多。"

推销员:"我们保守估计为每天两次,那也就是说每个月您将用 60 次。所以,假如这套家具每月多花了 8.5 元,那每次就多花不到 1.5 元。"

客户:"是的。"

推销员:"那么每次不到 1.5 元,却能够让您的家变得整洁,让您不再为东西没合适的地方放而苦恼。而且还能起到装饰作用,您不觉得很划算吗?"

客户:"你说得很有道理,那我就买下了。你们是送货上门吧?"

推销员:"当然!"

在销售中,运用数字技术就可以化解顾客类似的价格异议。这个案例就是其中的典型代表。案例中,推销员向客户推销一套价格昂贵的家具,客户认为太贵了,这时候推销员需要做的就是淡化客户的这种印象。于是,推销员开始运用自己高超的数字技术，先假设这套家具能够使用10年，然后把客户认为贵了的1000多元分摊到每年、每月、每天、每次，最后得出的数据为每次不到1.5元，这大大淡化了客户"太贵了"的印象，最后成功地售出了这套昂贵的家具。

可见，推销员在与客户沟通时，如果能够在回答潜在客户的问题时自然地采用数字技术，那么成交也就不再是难事了。

客户心存疑虑怎么办

销售心理学一点通：打消客户的疑虑，真诚的解释是一种好方法。

在商务沟通中，消除客户的疑虑是非常重要的，当客户对你的询问表示要考虑时，你必须用你的真诚消除客户的疑虑。只有当客户对你的产品或服务完全相信，没有任何疑虑时，你的沟通才算是成功的，最终才能达到成交的目的。

销售人员："您好！韩经理，我是××公司的×××，今天打电话给您，主要是想听听您对上次我和您谈到购买电脑的事情的建议。"

客户："啊，你们那台电脑我看过了，品牌也不错，产品质量也还好，不过我们还需要考虑考虑。"

（客户开始提出顾虑，或者说是异议。）

销售人员："明白，韩经理，像您这么谨慎的负责人做事考虑得都会十分周全。只是我想请教一下，你考虑的是哪方面的问题？"

客户："你们的价格太高了。"

销售人员："您主要是与什么比呢？"

客户："你看，你们的产品与××公司的差不多，而价格却比对方高出 1000 多块钱呢！"

销售人员："我理解，价格当然很重要。韩经理，您除了价格以外，买电脑，您还关心什么？"

客户："当然，买品牌电脑我们还很关心服务。"

销售人员："我理解，也就是说服务是您目前最关心的一个问题，对吧？"

客户："对。"

销售人员："您看，就我们的服务而言……您看我们的服务怎么样？"

客户："你们的技术支持工程师什么时候下班？"

（客户还是有些问题，需要解释，这是促成的时机。）

销售人员："一般情况下，晚上 11 点！"

客户："11 点啊。"

（听到后客户有些犹豫。）

销售人员："是这样的，也是考虑到商业客户一般情况下 9 点钟都休息了，所以才设置为11点的，您认为怎么样？"

客户："还好。"

（客户开始表示认同，这就等于发出了购买信号，这时可以进入促成阶段了。）

销售人员："韩经理，既然您也认可产品的质量，对服务也满意，您看我们的合作是不是就没有什么问题了呢？"

客户："其实吧，我是在考虑买兼容机好一些呢，还是买品牌机好一些，毕竟品牌机太贵了。"

（客户有新的顾虑，这很好，只要表达出来，就可以解决。）

销售人员："当然，我理解韩经理这种出于为公司节省采购成本的想法，这个问题其实又回到我们刚才谈到的服务上。我担心的一个问题是，您买了兼容机回来，万一这些电脑出了问题，您不能得到很好的售后服务保障的话，到时带给您的可能是更大的麻烦，对吧？"

客户："对呀，这也是我们为什么想选择品牌机的原因。"

（客户认同销售人员的想法，这是促成的时机。）

销售人员："对、对、对，我完全赞同韩经理的想法，您看关于我们的合作……"

客户："这事，您还得找采购部人员，最后由他们下单购买。"

销售人员："那没关系，我知道韩经理您的决定还是很重要的，我的理解就是您会考虑使用我们的电脑，只是这件事情还需要我再与采购部人员谈谈，对不对？"

在这个案例中,销售人员成功地消除了客户的疑虑,最终取得了成功。

在进行产品介绍和订货要求时,大多数客户总会对产品心存疑虑。他们担心的问题可能是客观存在的,也可能只是心理作用。销售人员应该采取主动的方式,发现客户的疑问,并打消客户的疑虑。

例如,客户说:"我还是再考虑考虑吧。"这只不过是一种推托之语。销售人员再追问一句,他们往往会说:"如果不好好考虑……"这还是一种委婉的拒绝。怎样才能把他们那种模棱两可的说法变成肯定的决定,这就是销售人员应该来完成的事。

当客户说:"我再好好考虑考虑……"

销售人员就应表现出一种极其诚恳的态度对他说:"你往下说吧,不知是哪方面原因,是有关我们公司方面的吗?"

若客户说:"不是,不是。"

那么销售人员马上接下去说:"那么,是由于商品质量不高的原因?"

客户又说:"也不是。"

这时销售人员再追问:"是不是因为付款问题使您感到不满意?"追问到最后,客户大都会说出自己"考虑"的真正原因:"说实在话,我考虑的就是你的付款方式问题。"

销售人员要不断地追问,一直到客户说出真正的原因所在。当然,追问也必须讲究一些技巧,而不可顺口答话。例如,销售人员接着他的话说:"您说得也有道理,做事总得多考虑一些。"这样一来,生意成功的希望则成为泡影。

以过硬的专业知识赢得信任

销售心理学一点通:无论在销售过程中,还是售后的服务中,一个出色的销售人员应具备过硬的专业知识。

如果你是一位电脑公司的客户管理人员,当客户有不懂的专业知识询问你时,你的表现就决定了客户对你的产品和企业的印象。

一家车行的销售经理正在打电话销售一种用涡轮引擎发动的新型汽车。在交谈过程中,他热情激昂地向他的客户介绍这种涡轮发动机的优越性。

他说:"在市场上还没有可以与我们这种发动机媲美的,它一上市就受到了人们的欢迎。先生,你为什么不试一试呢?"

对方提出了一个问题:"请问汽车的加速性能如何?"他一下子就愣住了,因为他对这一点非常不了解。理所当然,他的销售也失败了。

试想,一个销售化妆品的人对护肤的知识一点都不了解,只是想一心卖出其产品,那结果注定是失败的。

房地产经纪人不必去炫耀自己比别的任何经纪人都更熟悉市区地形。事实上，当他带着客户从一个地段到另一个地段到处看房的时候，他的行动已经表明了他对地形的熟悉。当他对一处住宅做详细介绍时，客户就能认识到销售经理本人绝不是第一次光临那处房屋。同时，当讨论到抵押问题时，他所具备的财会专业知识也会使客户相信自己能够获得优质的服务。前面的那位销售经理就是因为没有丰富的知识，才使自己表现得没有可信度，进而导致他的推销失败。而想要得到回报，你必须努力使自己成为本行业各个业务方面的行家。

那些定期登门拜访客户的销售经理一旦被认为是该领域的专家，他们的销售额就会大幅度增加。比如，医生依赖于经验丰富的医疗设备推销代表，而这些能够赢得他们信任的代表正是在本行业中成功的人士。

不管你推销什么，人们都尊重专家型的销售经理。在当今的市场上，每个人都愿意和专业人士打交道。一旦你做到了，客户会耐心地坐下来听你说那些想说的话。这也许就是创造销售条件、掌握销售控制权最好的方法。

除了对自己的产品有专业知识的把握，有时我们也要对客户的行业有大致了解。

销售经理在拜访客户以前，对客户的行业有所了解，这样才能以客户的语言和客户交谈，拉近与客户的距离，使客户的困难或需要立刻被觉察而有所解决，这是一种帮助客户解决问题的推销方式。例如，IBM的业务代表在准备出发拜访某一客户前，一定会先阅读有关这个客户的资料，以便了解客户的营运状况，增加拜访成功的机会。

莫妮卡是伦敦的房地产经纪人，由于任何一处待售的房地产可以有好几个经纪人，所以，莫妮卡如果想出人头地的话，只能凭借丰富的房地产知识和对客户的热诚。莫妮卡认为："我始终掌握着市场的趋势，市场上有哪些待售的房地产，我了如指掌。在带领客户察看房地产以前，我一定把房地产的有关资料准备齐全并研究清楚。"

莫妮卡认为，今天的房地产经纪人还必须对"贷款"有所了解。"知道什么样的房地产可以获得什么样的贷款是一件很重要的事，所以，房地产经纪人要随时注意金融市场的变化，这样才能为客户提供适当的融资建议。"

一个销售员对自己产品的相关知识都不了解的话，一定没有哪个客户会信任他。当我们能够充满自信地站在客户面前，无论是他有不懂的专业知识要咨询，还是他想知道市场上同类产品的性能，我们都能圆满解答时，才算具备了过硬的专业知识。

化僵局为妙棋的心理对策

销售心理学一点通：被拒绝就是僵局，销售人员要有化僵局为妙棋的能力。

在销售中遭到拒绝，对于一个销售员来说是家常便饭。但是，被拒绝不单是心里不好受，还与经济收入直接挂钩，这就需要我们掌握一些必备的应对策略，化僵局为好棋。

1. 客户说没兴趣、不需要

这是销售员听到的最多的拒绝言语，因为这几乎是客户的口头禅。但这个口头禅恰恰又是销售人员给客户养成的，因为大部分销售人员喜欢一上来就推销产品。对于来路不明、不熟悉的人和产品，客户的第一反应肯定是不信任，所以很自然地就以没兴趣、不需要为由拒绝了。建立信任是推销的核心所在，无法赢得信任就无法推销，没有信任的话你说得越精彩，客户的心理防御就会越强。特别是诓骗虚假之词更是少用为好，因为在成交之前，客户对你说的每一句话都会抱着审视的态度，如果再加上不实之词，其结果可想而知。

所以，避免此类拒绝最好的方式就是在最开始的时候尽一切可能增加顾客对你的信任度。无论是产品的质量、个人的态度、举止、形象都要让人觉得可靠。

2. 客户说我现在很忙，以后再说吧

这种拒绝虽然出于好意，却很难让人琢磨得透。有的人是真的很忙，但大多数时候只是一个很温柔的拒绝，对于这种拒绝，我们可以这么说："我知道，时间对于每个人来说都是非常宝贵的。这样吧，为了节约时间，我们只花两分钟来谈谈这件事情。如果两分钟之后，您不感兴趣，我立即出去，再也不打扰您了，可以吗？"

3. 客户说我们现在还没有这个需求

社会在变化，需求也在不断地变化。今天不需要，并不代表明天不需要；暂时不需要，不代表永远不需要。所以有些需求是潜在的，关键在于你是否能把客户沉睡的购买欲望给唤醒。有时候经常会存在这样一种状况，当你被人以"我们现在还没有这个需求"拒绝之后，第二天却发现这个客户竟然在另外一家公司购买了同样的产品。

心理学家在分析一个人是否购买某一商品时，得出了这么一个结论：人们的购买动机通常有两个，一个是购买时这个产品能给自己带来怎样的快乐和享受；另一个是如果不购买自己会遭受怎样的损失和痛苦。将这两个动机攻破了，客户的拒绝碉堡也就自然被攻破了。

4. 客户说我们已经有其他供应商了

当客户告诉销售人员"我们已经有其他供应商了"，这往往是真实的情况。但这并不意味着销售员就完全没有机会了，恰恰

相反，销售员还有很多的机会。因为当客户正在使用其他供应商提供的某一产品时，正好说明这个客户已经认可了这个产品。这样就不用我们的销售员花时间来反复陈述这一产品能给客户带来怎样的好处，而只需很巧妙地告诉客户自己的产品与客户正在使用的产品存在哪些差异，而这些差异又会给他带来怎样的好处，最后让客户自己去权衡。一家企业在考虑与谁合作的时候，考虑最多的还是利益。如果销售员非常自信自己的产品较之客户正在使用的产品更有优势的话，那么自己就随时有机会取代客户现有的供应商。

5. 客户说你们都是骗子

当客户说这句话的时候，销售员也别恼，这说明客户曾经受到过伤害。一朝被蛇咬，十年怕井绳，曾经的阴影让他们太刻骨铭心了。如果这个心结不打开的话，想把类似的产品销售给他几乎是不可能的事情。但是这并不等于这个客户不需要此类产品。在这种情况下，销售员可以试着和他一起找原因，如果是销售员的原因，就真诚地向客户道歉，必要时适当补偿对方的损失。只要对方的心结打开了，生意也就可以继续了。

6. 客户说你们的产品没什么效果

客户这么说的话，实际上已经否定了销售员的产品，并将此类产品打入"黑名单"。这个问题有些棘手。销售员必须站在客户的立场考虑问题，在第一时间内承认错误，并积极地寻找问题的根源，让客户明白自己的公司已经今非昔比，过去的不代表现在，并想办法解决这个问题。

7. 客户说你们的价格太高了

客户说这样的话，严格来说还谈不上是一种拒绝，这实际上是一种积极的信号。因为这意味着在客户的眼里，除了"价格太高"之外，客户实际上已经接受了除这个因素之外的其他各个方面。

这个时候，立即与客户争辩或者一味降价都是十分不理智的。销售员需要及时告诉客户自己马上与领导商量，尽量争取到一个优惠的价格，但暗示有困难。等再次与客户联系的时候，再告诉客户降价的结果来之不易。降价的幅度不需要太大，但要让客户感觉到利润的空间真的很小，销售方已经到了没有钱赚的边缘。或者询问客户与哪类产品比较后才觉得价格高，因为有很多客户经常拿不是同一个档次的产品进行比较。通过比较，让客户明白一分钱一分货的道理，最终让客户愿意为高质量的产品和服务多付一些钱。

让"反对问题"成为卖点

销售心理学一点通：很多时候，客户的一些反对问题也能成为行销的独特卖点。

一些行销人员在遇到客户提出一些负面问题，或者是指出产品的缺点时，就慌忙进行掩盖，结果越掩盖越是出现问题。其实，很多时候，客户的一些反对问题也能成为行销的独特"卖点"。

让"反对问题"成为卖点是一种很棒的销售技巧，因为它的说服力非常强。所谓"准客户的反对问题"有两种：一个是准客户的拒绝借口，一个是准客户真正的困难。不管是哪一种，只要你有办法将反对问题转化成你的销售卖点，你就能"化危机为转机"，进而成为"商机"。如果这是准客户的拒绝借口的话，他将因此没有借口拒绝你的销售；如果是准客户的真正困难所在，你不就正好解决了他的困难吗？他又有什么理由拒绝你的销售呢？

假如你向顾客推荐你所在银行的信用卡服务时，顾客说："不用了，我的卡已经够多了。"你可以这样回答说："是的，常先生，我了解您的意思，就是因为您有好几张信用卡，所以我才要特别为您介绍我们这张'××卡'，因为这张卡不管是在授信额度上、功能上还是便利性上，它都可以一卡抵多卡，省去您必须拥有多张卡的麻烦。"

如果客户说："我现在没钱，以后再说吧。"行销人员可以说："听您这么说，意思是这套产品是您真正想要的东西，而且价格也是可以接受的，只是没有钱。我想说的是既然是迟早要用的东西，为什么不早点买？早买可以早受益。而且，世界上从来就没有钱的问题，只有意愿的问题，只要您决定要，您就一定可以解决钱的问题。"

如果客户说："价格太高了。"

行销人员可以说："依您这么说，我了解到您一定对产品的品质是相当满意的，对产品的包装也没有异议，您心里一定也想拥有这套产品。既然对品质、包装、功效这些重要的方面是满意的，就没有必要在乎价格的高低，有些时候，价格真的不重要。"

如果客户说："我想我现在不需要，需要的时候再找你吧。"行销人员就可说："谢谢您对我的信任。听您的意思是说，现在不需要，以后肯定需要。那就是说您对产品的各个方面都是相当满意的，是吧？既然以后肯定需要，为何不现在买呢？我很难保证以后是不是可以以这么低廉的价格买到品质这么好的产品。"

假如顾客说："没有兴趣。"行销人员就可说："是的，正因为您没有兴趣，我才会打电话给您。"

假如顾客说："我已经有同样的东西，不想再找新厂商了！"行销人员就可以说："依您这么说，您是觉得这种产品不错嘛！那您为什么不选择我们呢？我们公司可以提供您更优厚的运转资金条件，节省下来的资金正好可以付每个月的维修费用，每个月维修等于是免费的！"

假如，你的客户对你说："我现在还不到30岁，你跟我谈退休金规划的事。很抱歉，我觉得太早了，没兴趣。"行销人员就可以用让"反对问题"成为卖点的技巧回复他："是的，我了解您的意思。只是我要提醒您的是，准备退休金是需要长时间的累积才能达成的，现在就是因为您还年轻，所以您才符合我们这项计划的参加资格。这个计划就是专门为年轻人设计的。请您想一想，如果您的父母现在已经五六十岁了，但是还没有存够退休金的话，您认为他们还有时间准备吗？所以，我们也就无法邀请他们参加了！"这样一来，客户就很可能被你的反对问题给说服了，而理所当然地愿意与你达成交易。

所以，在行销中，如果客户提出一个在一般人看来是一条很充分的理由拒绝你时，你不妨采用让"反对问题"成为卖点的技巧，这样往往会让你有意外的收获。

第八章
把握谈判主动权：讨价还价巧接招，是贵是贱由你说了算

衡量对方期望值，在行家面前报价不可太高

某公司急需引进一套自动生产线设备，正好销售员露丝所在的公司有相关设备出售，于是露丝立刻将产品资料快递给该公司老板杰森先生，并打去了电话。

露丝："您好，杰森先生！我是露丝，听说您急需一套自动生产线设备，我将我们公司的设备介绍给您快递过去了，您收到了吗？"

杰森（听起来非常高兴）："哦，收到了，露丝小姐。我们现在很需要这种设备，你们公司竟然有，太意外了……"

（露丝一听大喜过望，她知道在这个小城里拥有这样设备的公司仅他们一家，而对方又急需，看来这桩生意十有八九跑不了了。）

露丝："是吗？希望我们合作愉快。"

杰森："你们这套设备售价多少？"

露丝（颇为扬扬自得的语调）："我们这套设备售价30万美元……"

客户（勃然大怒）："什么？你们的价格也太离谱了！一点儿诚意也没有，咱们的谈话到此为止！"（重重地挂上了电话。）

双方交易，就要按底价讨价还价，最终签订合同。这里所说的底价并不是指商品的最低价格，而是指商家报出的价格。这种价格是可以浮动的，也就是说有讨价还价的余地。围绕底价讨价还价是有很多好处的，举一个简单的例子：

早上，甲到菜市上去买黄瓜，小贩A开价就是每斤5角钱，绝不还价，这可激怒了甲；小贩B要价每斤6角钱，但可以讲价，而且通过讲价，甲把他的价格压到5角钱，甲高兴地买了几斤。此外，甲还带着砍价成功的喜悦买了小贩B几根大葱。

同样都是5角钱，甲为什么愿意磨老半天嘴皮子去买要价6角钱的呢？因为小贩B的价格有个目标区间——最高6角钱是他的理想目标，最低5角钱是他的终极目标。而这种目标区间的设定能让甲讨价还价，从而获得心理满足。

如果想抬高底价，尽量要抢先报价。大家都知道的一个例子就是，卖服装有时可以赚取暴利，聪明的服装商贩往往把价钱标得超出进价一倍甚至几倍。比如一件皮衣，进价为1000元，摊主希望以1500元成交，但他却标价5000元。几乎没有人有勇气将一件标价5000元的皮衣还价到1000元，不管他是多么精明，都希望能还到2500元，甚至3000元。摊主的抢先报价限制了顾客的思想，由于受标价的影响，顾客往往都以超过进价几倍的价格购买商品。在这里，摊主无疑是抢先报价的受益者。报价时虽然可以把底价抬高，但是这种抬高也并不是无限制的，尤其在行家面前，更不可大意。案例中的销售员觉得自己的产品正好是对方急需的，所以将价格任意抬高，最终失去对方的信任，导致十拿九稳的交易失败，这对销售员来说是一个很好的教训。

如果你在和客户谈判时，觉得不好报底价，你完全可以先让对方报价。把对方的报价与你心目中的期望价相比较，你就会发现你们的报价差多少，随之调整你的价格策略，这样一来结果可能是双方都满意的。

学会冷静，请对方先亮出底牌

不知道对方的底牌时，可以保持沉默，让对方先开口，亮出底牌，最后再采取策略。

理赔员："先生，我知道你是交涉专家，一向都是针对巨额款项谈判，恐怕我无法承受你的要价。我们公司若是只付100美元的赔偿金，你觉得如何？"

（谈判专家表情严肃，沉默不语。）

理赔员（果然沉不住气）："抱歉，请勿介意我刚才的提议，再加一些，200美元如何？"

谈判专家（又是一阵长久的沉默）："抱歉，这个价钱令人无法接受。"

理赔员："好吧，那么300美元如何？"

（谈判专家沉思良久。）

理赔员（有点慌乱）："好吧，400美元。"

谈判专家（又是踌躇了好一阵子，才慢慢地说）："400美元？……哦，我不知道。"

理赔员（痛心疾首）："就赔500美元吧。"

（谈判专家仍在沉思中。）

理赔员（无奈）："600美元是最高的了。"

谈判专家（慢慢地说）："可它好像并不是我想要的那个数。"

理赔员："如果说750美元还不是你想要的，那我也没有办法了。"

谈判专家（沉思一会儿后）："看来咱们的谈判无法进行下去了。"

理赔员："800，只能到800美元，否则咱们真的谈不下去了。"

谈判专家："好吧，我也不想为此事花费更多的时间。"

谈判专家只是重复着他良久的沉默，重复着他严肃的表情，重复着说不厌的那句老话。最后，谈判的结果是这件理赔案终于在800美元的条件下达成协议，而谈判专家原来只准备获得300美元的赔偿金。

当我们不知道对方的底牌时，保持沉默是一个不错的主意！

爱迪生在做某公司做电气技师时，他的一项发明获得了专利。一天，公司经理派人把他叫到办公室，表示愿意购买他的专利,并让他出个价。

爱迪生想了想,回答道:"我的发明对公司有怎样的价值,我不知道,请您先开个价吧。""那好吧,我出40万美元,怎么样?"经理爽快地先报了价,谈判顺利结束了。

事后,爱迪生满面喜悦地说:"我原来只想把专利卖500美元,因为以后的实验还要用很多钱,所以再便宜些我也是肯卖的。"

让对方先开口,使爱迪生多获得了30多万美元的收益。经理的开价与他预期的价格简直是天壤之别。在这次谈判中,事先未有任何准备、对其发明对公司的价值一无所知的爱迪生如果先报价,肯定会遭受巨大的损失。在这种情况下,最佳的选择就是把报价的主动权让给对方,通过对方的报价,来探查对方的目的、动机,摸清对方的底线,然后及时调整自己的谈判计划,重新确定报价。

给客户"一分价钱一分货"的实在感

当客户要求降价时,可以通过列举产品的核心优点,在适当的时候与比自己的报价低的产品相比较,列举一些权威专家的评论及公司产品获得的荣誉证书或奖杯等技巧和方法让客户觉得物有所值。

客户:"我是××防疫站陈科长,你们是××公司吗?我找一下你们的销售。"

销售员:"哦,您好!请问您有什么事?"

客户:"我想咨询一下你们软件的报价,我们想上一套检验软件。"

销售员:"我们的报价是 98800 元。"

客户:"这么贵,有没有搞错!我们是防疫站,可不是有名的企业。"(态度非常高傲)

销售员:"我们的报价是基于以下两种情况的,首先从我们的产品质量考虑,我们历时 5 年开发了这套软件,我们与全国多家用户单位合作,对全国的意见和建议进行整理,并将其融入我们的软件中。所以我们软件的通用性、实用性、稳定性都有保障。另外,我们的检验软件能出检验记录,这在全国同行中,我们是首例,这也是我们引以为傲的。请您考察。"

客户:"这也太贵了!你看人家成都的才卖 5 万元。"

销售员:"陈科长,既然您说到成都的软件,我就给您列举一下我们的软件与成都的软件的优缺点。咱们先说成都的,他们软件的功能模块很全,有检验、体检、管理、收费、领导查询等,但他们软件的宗旨是将软件做得全而不深,而我们的宗旨是将软件做到既广又深。就检验这一块来说,他们的软件要求录入大量的数据并需要人工计算,它实现的功能只是打印;而再看我们的,我们只需要输入少量的原始数据即可,计算和出检验记录全部由计算机完成,这样既方便又快捷。另外,我们的软件也有领导查询和管理功能。在仪器和文档方面我们的软件也在不断改进,不断升级。"

客户:"不行,太贵。"(态度依然强硬)

销售员:"您看,是这样的,咱们买软件不仅买的是软件的功能,更主要的是软件的售后服务,作为工程类软件,它有许多与通用性软件不同的地方。我们向您承诺,在合同期间我们会对软件进行免费升级、免费培训、免费安装、免费调试等。您知道,我们做的是全国的市场,这期间来往的费用也是很高的,这个我们对您也是免费的。另外,在我们的用户中也有像您这样的客户说我们的软件比较贵,但自从他们上了我们的软件以后就不再抱怨了,因为满足了他们的要求,甚至超过了他们的期望。我们的目标是利用优质的产品和高质量的售后服务来平衡顾客价值与产品价格之间的差距,尽量使我们的客户产生一种用我们的产品产生的价值与为得到这种产品而付出的价格相比值得的感觉。"

客户:"是这样啊!你们能不能再便宜一点啊?"(态度已经有一点缓和)

销售员:"抱歉,陈科长。你看,我们的软件质量在这儿摆着,确实不错。在10月21号我们参加了在上海举办的上海首届卫生博览会,在会上有很多同行、专家、学者。其中一位检验专家对检验、计算机、软件都很在行,他自己历时6年开发了一套软件,并考察了全国的市场,当看到我们的软件介绍和演示以后当场说:'你们和深圳的软件在同行中是领先的。'这是一位专家对我们软件的真实评价。我们在各种展示中也获得过很多的奖，比如检验质量金奖、检验管理银奖等奖项。"

客户："哦，是这样啊！看来你们的软件真有一定的优点。那你派一个工程师过来看一下我们这儿的情况，我们准备上你们的系统。"（他已经妥协了）

至此，经过以上几轮谈判和策略安排，产品的高价格已被客户接受，销售人员的目标实现了。

在与别人谈判的过程中，如何说服你的客户接受你的建议或意见，这其中有很大的学问，特别是在价格的谈判中。以下是价格谈判中的一些技巧和策略。

1. 在谈判过程中尽量列举一些产品的核心优点，并说一些与同行相比略高一畴的特点，尽量避免说一些大众化的功能。

2. 在适当的时候可以与比自己的报价低的产品相比较，可以从以下几方面考虑：

（1）客户的使用情况（当然你必须对你的和你对手的客户的使用情况非常了解——知己知彼）。

（2）列举一些自己和竞争对手在为取得同一个项目工程，并同时展示产品和价格时，我们的客户的反映情况（当然，这些情况全都是对我们有利的）。

3. 列举一些公司的产品在参加各种各样的会议或博览会时，专家、学者或有威望的人员对我们的产品的高度的专业评语。

4. 列举一些公司产品获得的荣誉证书或奖杯等。

吹毛求疵，步步紧逼迫使对方让步

在商务谈判中，谈判者如能巧妙地运用吹毛求疵策略，会迫使对方降低要求，做出让步。买方先是挑剔个没完，提出一大堆意见和要求，这些意见和要求有的是真实的，有的只是出于策略需要的吹毛求疵。

吹毛求疵的谈判方法在商贸交易中已被无数事实证明，不但是行得通，而且卓有成效。有人曾做过试验，证明双方在谈判开始时，倘若要求越高，则所能得到的也就越多。因此，许多买主总是一而再、再而三地运用这种战术，把它当作一种"常规武器"。

有一次，某百货商场的采购员到一家服装厂采购一批冬季服装。采购员看中一种皮夹克，问服装厂经理："多少钱一件？""500元一件。""400元行不行？""不行，我们这是最低售价了，再也不能少了。""咱们商量商量，总不能要什么价就什么价，一点儿也不能降吧？"服装厂经理感到冬季马上到来，正是皮夹克的销售旺季，不能轻易让步，所以，很干脆地说："不能让价，没什么好商量的。"采购员见话已说到这个地步，没什么希望了，扭头就走。

过了两天，另一家百货商场的采购员来了。他问服装厂经理："多少钱一件？"回答依然是500元。采购员说："我们会多要你的，采购一批，最低可多少钱一件？""我们只批发，不零售。今年全市批发价都是500元一件。"这时，采购员不急于还价，而是不慌不忙地检查产品。过了一会儿，采购员讲："你们的厂子是个老厂，信得过，所以我到你们厂来采购。不过，你的这批皮夹克式样有些过时了，去年这个式样还可以，今年已经不行了，而且颜色也单调，你们只有黑色的，而今年皮夹克的流行色是棕色和天蓝色。"他边说边看其他的产品，突然看到有一件衣服的口袋有裂缝，马上对经理说："你看，你们的做工也不如其他厂精细。"他仍边说边检查，又发现有件衣服后背的皮子不好，便说："你看，你们这衣服的皮子质量也不好。现在顾客对皮子的质量要求特别讲究，这样的皮子质量怎么能卖这么高的价钱呢？"

这时，经理沉不住气了，并且自己也对产品的质量产生了怀疑，于是用商量的口气说："你要真想买，而且要得多的话，价钱可以商量。你给个价吧！""这样吧，我们也不能让你们吃亏，我们购50件，400元一件，怎么样？""价钱太低，而且你们买的也不多。""那好吧，我们再多买点，买100件，每件再多30元，行了吧？""好，我看你也是个痛快人，就依你的意见办！"于是，双方在微笑中达成了协议。

同样是采购，为什么一个空手而回，一个却满载而归？原因很简单，后者采用了吹毛求疵策略，他让卖主变得理亏，同时又让卖主觉得他很精明，是内行，绝不是那种轻易被蒙骗的采购员，从而只好选择妥协。

再来看看谈判专家库恩先生是怎样将他的花招带入日常生活中的，他可谓将吹毛求疵演绎到了极点。

有一次，他到一家商店买冰箱，营业员走上前来询问他需要的冰箱规格，并告诉他该冰箱每台售价为 485.95 美元。库恩先生走近冰箱左看右看，然后对营业员说："这冰箱外表不够光滑，还有小瑕疵。你看这儿，这个小瑕疵好像还是个小划痕，有瑕疵的东西一般来说都是要降价的呀！"接着，库恩先生又问营业员："你们店里这种型号的冰箱共有几种颜色？可以看看样品吗？"营业员马上带他看了样品，库恩先生看完后选择了现在店里没有的颜色。他解释说："这种颜色与我家厨房里的颜色很相配，而其他颜色则会令人感到不协调。颜色不好，价钱还那么高，如果不重新调整一下价格，我只好另选商店购买了，我想别的商店可能有我需要的颜色。"库恩先生打开冰箱门看过后问营业员："这款冰箱附有制冰器吗？"营业员回答说："是的，这款冰箱每天 24 小时都可为你制造冰块，而每小时只需 2 分钱电费。"库恩先生听后大声地说："这太不好了！我的孙子有慢性喉头炎，医生说绝对不能吃冰，绝对不可以的。你可以帮我把这个制冰器拆下来吗？"营业员回答说："制冰器无法为您拆下来，这是冰箱的一个重要组成部分。"库恩先生接着说："我知道了，但是这个制冰器对我来说毫无用处，却要我为此付钱，这太不合理了，价格不能再便宜点吗？"

经过他的百般挑剔，冰箱的价格只得一降再降。

总的来说，吹毛求疵的目的无非是迫使卖主降低价格，使自己拥有尽可能大的讨价还价的余地；给对方一个印象，证明自己不会轻易被人欺蒙，以削弱甚至打消对方想坚持某些立场的念头；或使卖主在降低价格时，能够对其上级有所交代。如果你能巧妙地运用此策略，无疑会为你增益不少，但注意一定要把话说到位。

应对客户的讨价还价

当客户认同了你的产品，希望你降低价格时，应该积极应对客户的讨价还价，充分利用示弱、赞同、争取理解、获得同情等技巧与客户谈判，以赢得客户的好感。

客户："我知道你们的计量设备的水平、品质都是一流的，这个在我们公司内部都是认同的，没有任何争议。所以，老板吩咐我还是与你们谈一次，这个价格确实比××公司的精准计量仪贵了一倍，你让我们怎么决定呢？"

小郑："李总，××公司的设备你们也不是不知道，它们便宜是有原因的，在实际计量中你们在乎的不仅是精准，还在乎时间——快速给出精确到微米的数字。在测量各种材料的光谱中，我们的计量仪器不仅准确而且快速，在测量后你们的客户等着要结果，你们能让他们等那么长时间吗？再说……"

客户（不等小郑说完）："小郑，这个我们不是不知道，不然早就和××公司下单了，我也不会再来找你谈了。"

小郑："这样吧，李总，到底什么价位您可以接受，您给我一个数，我绝不为难您。要是差太多，那就是您让我为难了。其实您也知道，在公司里我也不过就是一个干销售的，从早到晚东奔西跑，没有一天踏实日子，还都得听老板的。您到底能接受什么价位，请直说，我听着。"

客户："降10万，这个要求不过分吧？"

（小郑在电话这头沉默了一会儿，接着笑了起来，这让客户心里没谱。）

客户："到底怎么样？成不成，给个话！"

小郑："绝不过分，我要是您，比您还要狠。您是甲方，您的要求就是我们做乙方的首要义务，不过，我也是靠销售生活的人，也就是说您决定着我们这些推销员的工资。您也知道，我没有决定权，我给您请示经理，您看成吗？"

客户："那你什么时候决定？我们现在手上的单子也积压了，就等着设备呢。要不，你这就去请示经理，如果成，这事就定了，怎么样？"

小郑："李总，我比您还想做这个单，都跟了这么长时间了，您和××公司下单完成您的任务，我可就惨了。所以，无论如何这个单不能没有发展，我这就去请示经理，说你们公司的好话，告诉他明年你们还要开分公司，这次定了，下次还会再合作。还有，我会说你们的伙伴也有需求，这样对大家都好，成吧？"

客户："好说，好说，这不就成了吗？"

事后经过一番交涉，经理同意让价 8 万元，客户推荐了他的几个也有计量设备需求的合作伙伴，双方都得到了自己想要的。

潜在客户在销售交往、沟通一段时间以后，在多家供应商之间权衡、比较以后，会进入选择阶段。选择对象一般确定在两三个供应商。这个阶段，客户的主要动机是为自己争取最大的利益，并通过要求供应商降价来实现这个目的。这个阶段对推销员来说是最为关键的阶段，只要推销员能积极发挥自己的谈判技巧，在讨价还价中获得客户的好感，成功拿到订单将不是问题。这个案例就是一个积极应对客户的讨价还价，利用谈判技巧成功签单的典型实战案例。

在此案例中，客户首先提出价格问题，要求供应商降价，小郑开始时使用的是基于利益陈述的思路："李总，××公司的设备你们也不是不知道，它便宜是有原因的……"但是，由于客户已经完全认可了这些利益，因此，再次使用这些利益吊客户的胃口，让客户接受价格就已经无效了，所以客户打断了小郑的陈述。

这个陈述遇到挫折后，小郑迅速转移到充分示弱，并且赞同对方的观点的思路上："这样吧，李总，到底什么价位您可以接受，您给我一个数……""绝不过分，我要是您，比您还要狠……"这些都是典型的赞同和示弱策略,可获得客户一定程度的同情。

"李总,我比您还想做这个单,都跟了这么长时间了。"这句话也是认同客户和争取理解的体现,就是要求客户有一定程度的配合和承诺,共同争取自己经理的同意。在整个案例中,小郑有效应用了示弱、赞同、争取理解、获得同情等谈判技巧,最后成功达成了签单的目的。推销员们在与客户讨价还价时,也不妨向小郑学习,灵活运用这些技巧,通过赢得客户的好感拿下订单。

第九章
巧言释疑：打消客户疑虑，把客户的异议变成满意

不要故弄玄虚，要用客户听得懂的语言介绍产品

在介绍产品的时候，销售人员往往会走两种极端。一种极端是对自己的产品了解不够深入，回答问询时"一问三不知"，无法在客户心中建立信任。另一种极端就是对非专业的用户使用太多"术语"，有卖弄之嫌，搞得对方很难堪。

某客户受命为办公大楼采购大批的办公用品，在电话中客户向电话行销人员介绍了公司每天可能收到信件的大概数量，并对信箱提出了一些具体的要求。这个电话行销人员听后马上用不容置疑的语言，推荐客户用他们的 CST。

客户："什么是 CST？"

电话行销人员："就是你们所需要的信箱。"

客户："它是纸板做的，金属做的，还是木头做的？"

电话行销人员："哦，如果你们想用金属的，那就需要我们的 FDX 了，也可以为每一个 FDX 配上两个 NCO。"

客户："我们有些打印件的信封会特别长。"

电话行销人员："那样的话，你们便需要用配有两个 NCO 的 FDX 传发普通信件，而用配有 RIP 的 PLI 传发打印件。"

客户（稍稍按捺了一下心中的怒火）："小伙子，你的话听起

来十分荒唐。我要买的是办公用具，不是字母。

电话行销人员："哦，我说的都是我们产品的序号。"

客户："我想我还是再找别家问问吧。"（挂断电话）

这位推销员犯的错误是过于专业，不懂得变通，让客户失去了兴致。用客户听得懂的语言向客户介绍产品，这是最简单的常识，尤其对于非专业的客户来说，推销员一定不要过多使用专业术语。有一条基本原则对所有想吸引客户的人都适用，那就是如果信息的接收者不能理解该信息的内容，这个信息便产生不了它预期的效果。推销员对产品和交易条件的介绍必须简单明了，表达方式必须直截了当。表达不清楚、语言不明白，就可能会产生沟通障碍。

所以在向客户介绍产品时，你必须做到简洁、准确、流畅、生动，而且还要注意时机的选择，切不可卖弄专业术语。因为你推销的是产品，而不是那些抽象的代码！

王亮是某PC保护屏的推销员。在推销这一产品时会用到很多专业的词语，客户很难理解，所以小王就把那些难懂的术语形象化，让自己的客户能够很好地理解。

有一次，王亮的公司想把这一产品推销给当地的一家企业，但经过数次的公关说服，都没能打动这家企业的董事们。

突然，王亮灵机一动，想到以表演的方式代替口头游说。他站在董事会前，把一根棍子放在面前，两手捏紧棍子的两端，使它微微弯折，说道：

"各位先生，这根棍子只能弯到这个程度。"（说完这句话，他把棍子恢复原状）

"所以，如果我用力过度，这根棍子就会被毁坏，不能再恢复原状。"（他用力弯曲棍子，超过棍子的弹性限度，于是它的中央出现折痕，再也不能恢复本来笔直的形状）

"它就像人们的视力只能承受到某个程度的压力一样，如果超过这个程度，视力就很难恢复了。相信贵公司的领导和员工们会经常接触到电脑，并且时间肯定也比较长，那么电脑对身体的伤害就不言而喻了。而我们的产品不但能够抵御电脑的各种辐射，还能够缓解视力疲劳。"

结果，该公司董事会筹足资金，向王亮购买了一批PC保护屏。

在这个案例中，我们看到，PC保护屏推销员王亮在与客户谈判时，灵机一动想了一个好办法：用一根棍子的弯曲度来解释电脑对人体造成的危害程度，把那些难懂的术语形象化，结果这种形象化的语言取得了很好的效果，客户理解后向王亮购买了一批PC保护屏。

在介绍产品时，我们可以采用FAB产品介绍法。这样就可以既讲得清晰透彻，又不会过于专业，让客户听不懂。

FAB对应的是3个英文单词：Feature、Advantage和Benefit，即属性、作用和利益。在阐述观点时，按照这样的顺序来介绍，就是说服性演讲，它达到的效果就是让客户相信你的产品是最好的。

一、属性（Feature）

我们经常把它翻译成特征或特点，而且很多销售人员至今还把它翻译成特征或特点。特征，顾名思义就是区别于竞争对手的地方。当你介绍产品且与竞争对手的产品进行比较时，就会让客户产生一定的抵触情绪。如果把用于销售的Feature翻译成属性，即你的产品所包含的客观现实、所具有的属性就会避免客户抵触情绪的产生。比如，讲台是木头做的，木头做的就是产品所包含的某项客观现实、属性（Feature）。

二、作用（Advantage）

很多销售人员把它翻译成了优点，优点就是你们比竞争对手好的方面，这自然会让客户产生更大的抵触情绪。因为你们所面临的竞争对手非常多，相似的产品也很多，你们的产品不可能比所有的产品都好。

现实中的每一个产品都有各自的特征，当你们说产品的某个功能比竞争对手好的时候，客户就会产生反感。实际上，在销售中把A（Advantage）翻译成作用会更好一些，作用（Advantage）就是能够给客户带来的用处。

三、利益（Benefit）

就是给客户带来的利益。比如，讲台是木头做的，那么木头做的给客户带来的益处就是非常轻便。

FAB应该这样解释，这个讲台是木头做的，搬起来很轻便，所以使用非常方便。这样的结构，是销售人员说服性演讲的结构，只有这样的结构才能让客户觉得你的产品满足了他的需求，并且愿意购买你的产品。

通过真诚的追问，逐步弄清并打消客户的疑虑

销售人员："您好！韩经理，我是××公司的×××，今天打电话给您，主要是想听听您对上次和您谈到购买电脑的事情的建议。"

客户："啊，你们那台电脑我看过了，品牌不错，产品质量也还好，不过我们还需要考虑考虑。"

（客户开始提出顾虑，或者说是异议。）

销售人员："明白，韩经理，像您这么谨慎的负责人做事时考虑得都会十分周全。只是我想请教一下，你考虑的是哪方面的问题？"

客户："你们的价格太高了。"

销售人员："您主要是与什么比呢？"

客户："你看，你们的产品与×××公司的差不多，而价格却比对方高出1000多块钱呢！"

销售人员："我理解，价格当然很重要。韩经理，您除了价格

以外，买电脑，您还关心什么？"

客户："当然，买品牌电脑我们还很关心服务。"

销售人员："我理解，也就是说服务是您目前最关心的一个问题，对吧？"

客户："对。"

销售人员："您看，就我们的服务而言……您看我们的服务怎么样？"

客户："你们的技术支持工程师什么时候下班？"

（客户还是有些问题需要解释，这是促成的时机。）

销售人员："一般情况下，晚上11点！"

客户："11点啊。"

（客户有些犹豫。）

销售人员："是这样的，也是考虑到商业客户一般情况下9点钟都休息了，所以才设置为11点的，您认为怎么样？"

客户："还好。"

（客户开始表示认同，这就等于发出了购买信号，这时可以进入促成阶段了。）

销售人员："韩经理，既然您也认可产品的质量，对服务也满意，您看我们的合作是不是就没有什么问题了呢？"

客户："其实吧，我是在考虑买兼容机好一些呢，还是买品牌机好一些，毕竟品牌机太贵了。"

（客户有新的顾虑，这很好，只要表达出来，就可以解决。）

销售人员："当然，我理解韩经理这种出于为公司节省采购成本的想法，这个问题其实又回到我们刚才谈到的服务上。我担心的一个问题是，您买了兼容机回来，万一这些电脑出了问题，您不能得到很好的售后服务保障的话，到时带给您的可能是更大的麻烦，对吧？"

客户："对呀，这也是我们想选择品牌机的原因。"

（客户认同电话销售人员的想法，这是促成的时机。）

销售人员："对、对、对，我完全赞同韩经理的想法，您看关于我们的合作……"

客户："这事，您还得找采购部人员，最后由他们下单购买。"

销售人员："那没关系，我知道韩经理您的决定还是很重要的，我的理解就是您会考虑使用我们的电脑，只是这件事情还需要我再与采购部人员谈谈，对不对？"

在这个案例中，电话销售人员成功地消除了客户的疑虑，最终取得了成功。

在进行产品介绍时，大多数客户总会对产品心存疑虑。他们担心的问题可能是客观存在的，也可能只是心理作用。销售人员应该采取主动的方式，发现客户的疑问，并打消客户的疑虑。

例如，他们说："我还是再考虑考虑。"这只不过是一种推托之语，销售人员追问一句，他们往往会说："如果不好好考虑……"这还是一种婉转的拒绝。怎样才能把他们那种模棱两可的说法变成肯定的决定，这就是销售人员应该来完成的事。

当客户说："我再好好考虑考虑……"

销售人员就应表现出一种极其诚恳的态度对他说："你往下说吧，不知是哪方面原因，是有关我们公司方面的吗？"

若客户说："不是，不是。"

那么销售人员马上接下去说："那么，是由于商品质量不高的原因？"

客户又说："也不是。"

这时销售人员再追问："是不是因为付款问题使您感到不满意？"追问到最后，客户大都会说出自己"考虑"的真正原因："说实在话，我考虑的就是你的付款方式问题。"

不断地追问，一直到他说出真正的原因所在。当然，追问也必须讲究一些技巧，而不可顺口搭话。例如，销售人员接着他的话说："您说得也有道理，做事总得多考虑一些。"这样一来，生意成功的希望则成为泡影。

给客户安全感，让客户没有后顾之忧

当你购买某一产品的时候，你最怕什么？质量不好，不安全，不适合自己，花冤枉钱？是啊，几乎所有的消费者在面对不熟悉的产品时，都会有这些担心和害怕，怎么做才能让他们安心购买呢?

用心传递价值,让客户没有任何后顾之忧。

心理学研究发现,人们总是对未知的人、事、物产生自然的疑虑和不安,这是因为缺乏安全感,在销售的过程中这个问题尤为明显。一般情况下,客户对销售员大多存有一种不信任的心理,他们认定销售员所提供的各类商品信息,都或多或少包含一些虚假的成分,甚至会存在欺诈的行为。所以,在与销售员交谈的过程中,很多客户认为他们的话可听可不听,往往不太在意,甚至是抱着逆反的心理与销售员进行争辩。

因此,在销售过程中,如何迅速有效地消除顾客的顾虑心理,就成为销售员最重要的能力之一。因为聪明的销售员都知道,如果不能从根本上消除客户的顾虑心理,交易就很难成功。

客户会产生顾虑的原因有很多,除了对产品性能的不确定外,主要有以下几点:

第一,客户在以往的生活经历中,曾经遭遇过欺骗,或者买来的商品没有达到他的期望。

第二,客户从新闻媒体上看到过一些有关客户利益受到伤害的案例。新闻媒体经常报道一些客户购买到假冒伪劣商品的案例,尤其是一些伪劣家电用品、劣质药品或保健品,会给客户的健康甚至生命造成巨大的威胁。

第三,客户害怕损失金钱或者花冤枉钱,他们担心销售员所推销的这种产品或者服务根本不值这个价钱。

第四，客户担心自己的看法与别人的会有所不同，怕销售员因此而嘲笑他、讥讽他，或是遭到自己在意的、尊重的人的蔑视。

种种顾虑使得客户不自觉地绷紧了心中的那根弦，所以说，在面对消费者时，销售员要尽自己最大努力来消除客户的顾虑心理，用心向他们传递产品的价值，使他们打消顾虑。

消除客户的顾虑心理，首先要做的就是向他们保证，他们决定购买是非常明智的，而且购买的产品是他们在价值、利益等方面做出的最好选择。

一位客户想买一辆汽车，看过产品之后，对车的性能很满意，现在所担心的就是售后服务了，于是，他再次来到甲车行，向推销员咨询。

客户："你们的售后服务怎么样？"

销售员："先生，我很理解您对售后服务的关心，毕竟这可不是一个小的决策，那么，您所指的售后服务是哪些方面呢？"

客户："是这样，我以前买过类似的产品，但用了一段时间后就开始漏油，后来拿到厂家去修，修好后过了一个月又漏油。再去修的时候，对方说要收5000元修理费，我跟他们理论，他们还是不愿意承担这部分费用，没办法，我只好自认倒霉。不知道你们在这方面怎么做的？"

销售员："先生，您真的很坦诚，除了关心这些还有其他方面吗？"

客户:"没有了,主要就是这个。"

销售员:"那好,先生,我很理解您对这方面的关心,确实也有客户关心过同样的问题。我们公司的产品采用的是欧洲最新AAA级标准的加强型油路设计,这种设计具有很好的密封性,即使在正负温差50摄氏度,或者润滑系统失灵20小时的情况下也不会出现油路损坏的情况,所以漏油的概率很低。当然,任何事情都怕万一,如果真的出现了漏油的情况,您也不用担心。我们的售后服务承诺:从您购买之日起1年之内免费保修,同时提供24小时之内的主动上门服务。您觉得怎么样?"

客户:"那好,我放心了。"

最后,客户买了中意的汽车。

从某种意义上来说,消除疑虑正是帮助客户恢复购买信心的过程。因为在决定是否购买的一刻,买方信心动摇、开始后悔是常见的现象。这个时候顾客对自己的看法及判断失去信心,销售员必须及时以行动、态度和语言帮助顾客消除疑虑,增强顾客的信心。

消除顾客疑虑的最佳武器就是自信。优秀的销售员的沉稳和自然显现的自信可以重建顾客的信心。

除了自信之外,另一个重要的武器便是言辞。比如有一位顾客原本想采购一种电子用品,但是他没有用过,不确定这个决定对不对。聪明的销售员会马上说:"我了解你的想法,您不确定这种电子产品的功能,怀疑是不是像产品说明书所说的那样,对不对？您看这样好不好，您先试用……"在关键时刻，销售员纯熟的成交技巧会让顾客疑虑全消。

在销售过程中，顾客心存顾虑是一个共性问题，如若不能正确解决，将会给销售带来很大的阻碍。所以，销售员一定要努力打破这种被动的局面，善于接受并巧妙地化解客户的顾虑，使客户放心地买到自己想要的商品。只要能把握脉络，层层递进，把理说透，就能够消除客户的顾虑，使销售成功进行。

把握客户之间的微妙心理博弈

小王是一家服装店的营业员。一天早上，服装店刚开门，就来了三位顾客。一位是60多岁的老太太，后面是一对青年男女。男的戴一副眼镜，颇有知识分子风度。女的穿着入时，显然是一位注重打扮的姑娘。

小王热情地迎上去打招呼："三位要买些什么？"老太太回头对这对青年男女说："这里货多，你们仔细看看，拣条称心的买。"小王心里明白了，这是婆婆为未来的儿媳妇买裤子。于是，她指着挂在货架上各种各样的裤子说："这些式样现在都有现货，你们要看哪一条，我拿出来让姑娘穿上试试。"

三个人都抬起头来不作声。小王发现，老太太的目光总是停在40几元一条的裤子上，而姑娘却目不转睛地盯着80几元一条的裤子。这时，男青年的眼睛一会儿望望裤子，一会儿又看看老太太和姑娘，脸上露出一些不安的神色。

几分钟过去了，细心的小王从他们的目光中捉摸出老太太想节约一点，买条物美价廉的裤子；姑娘倾心时髦，想不惜破费买条高档的裤子，但两人都不好意思先开口。男青年大概看出了双方的心情，既怕买了便宜的得罪了媳妇，又怕买了贵的得罪了母亲，所以左右为难，一声也不吭。

了解了顾客的心理后，小王对老太太说："这种40几元的裤子，虽然价格便宜、经济实惠，但都是用混纺料做成的，一般穿穿还可以，如果要求高一些恐怕就不能使人满意了。"接着，她又对姑娘说："这种80几元一条的裤子，虽然样式新颖，但颜色均比较深，年轻姑娘穿恐怕老气了点，不太合适。"说着，她取出一条60几元的米黄色裤子说："这种裤子式样新颖，质量也不错，而且米黄色是今年的流行色，高雅富丽、落落大方，姑娘们穿上更能显出青春的活力。许多人都竞相购买，现在只剩几条了，您不妨试穿一下。"

营业员的一席话，使气氛顿时活跃起来，姑娘喜形于色，老太太眉开眼笑，男青年转忧为喜。三个人有说有笑地翻看着这条裤子，姑娘试穿后，也十分满意，老太太高高兴兴地付了钱。善于察言观色是与顾客沟通的一个重要技能，不仅对销售行为有明显的促进作用，而且对于顾客关系的改善都有明显的作用。在这个案例中，服装店营业员小王就通过察言观色把握了不同顾客的心理而成功卖出了一条裤子。

案例中，三位顾客的年龄和身份都不同，小王通过细心观察发现了他们的不同心理特征：老太太想买便宜的，姑娘想买贵的，男青年夹在中间为难。得出这个结论靠的是推销员的右脑能力，即善于察言观色，能准确判断出潜在顾客的偏好和情绪。

当小王了解了三个人的不同心理后，对他们之间的微妙心理博弈洞若观火，于是他及时调整了自己的对策，对顾客说：便宜的裤子不实用，贵的裤子颜色不适合，中间价位的既很实用又流行。这段话说出来让三个人都高兴起来，最后付钱成交。

在销售过程中，推销员要能够察言观色，对顾客之间的微妙心理博弈更是不可放过，然后找准一个多方都能接受的心理平衡点，促成销售。

淡化功利的目的性，才能让客户愿意接近你

托马斯是一位证券经纪人，高尔夫球是他最喜欢的娱乐活动，在打高尔夫球时，他总能得到彻底放松。在上大学期间，托马斯是格罗斯高尔夫球队的队长。虽然如此，但他的首要原则就是在打高尔夫时不谈生意，尽管接触到一些极好的客户，也就是他所在的乡村俱乐部的会员。托马斯习惯于把个人生活与生意区分开来，他绝不希望人们认为他利用关系来推销。也就是说，在离开办公室后，托马斯不会把个人的娱乐与生意搅在一起。

托马斯这样做并不是说所有的高尔夫球友都不是他的客户，只是说他从不积极地怂恿他们同他做生意。但从另一个角度来讲，当他们真心要谈生意时，托马斯也从不拒绝他们。

吉米是一家建筑公司的经理，该公司很大而且能独自提供用于汽车和家具的弹簧。

托马斯与吉米在俱乐部玩高尔夫球双人赛，他们在一轮轮比赛中玩得很高兴。后来，他们就经常在一块玩了。他们俩球技不相上下，年龄相仿，兴趣相投，尤其在运动方面。随着时间的推移，他们的友谊逐渐加深。

很显然，吉米是位再好不过的潜在顾客。既然吉米是位成功的商人，那么跟他谈论生意也就没有什么不正常。然而，托马斯从未向吉米建议做他的证券经纪人。因为，那样就违背了托马斯的原则。

托马斯和吉米有时讨论一些有关某个公司某个行业的问题。有时，吉米还想知道托马斯对证券市场的总体观点。虽然从不回避回答这些问题，但托马斯也从未表示非要为他开个户头不可。

吉米总是时不时地要托马斯给他一份报告，或者他会问："你能帮我看看佩思尼·韦伯的分析吗？"托马斯总是很乐意地照办。

一天，在晴朗的天空下，吉米把手放在托马斯肩膀上说："托马斯，你帮了我不少忙，我也知道你在你那行干得很出色。但你从未提出让我成为你的客户。"

"是的，吉米，我从未想过。"

"那么，托马斯，现在告诉你我要做什么，"他温和地说，"我要在你那儿开个账户。"托马斯笑着让他继续说下去。

"托马斯，就我所知，你有良好的信誉。就以你从未劝我做你的客户这点来看，你很值得我敬佩。实际上我也基本遵守这一点，我同样不愿意与朋友在生意上有往来。现在既然我这样说了，我希望你能做我的证券经纪人，好吗？"

接下来的星期一上午，吉米在办公室给托马斯打来电话开了个账户。随后，吉米成了托马斯最大的客户。他还介绍了几个家庭成员和有生意往来的人，让他们也成了托马斯的客户。

作为一个优秀的推销员，应该了解何时该"温和地推销"，何时该默默地走开。富裕的人总是对他人保持提防的态度，对于这些极有潜力的未来客户，推销员应该尽力接近他们，而不是让他们从一开始就抱有戒心，相互信任是关系营销的最高境界。

就像这个案例中的推销员托马斯，喜欢打高尔夫球，也因此结识了很多有实力的客户。但他并没有利用这个机会去推销，而是把个人娱乐和生意分开，与球友建立了很好的关系，这是建立信任、赢得客户好感的一种典型策略，它也常常能取得非常好的效果。托马斯赢得了与他一起打球的某公司的总经理吉米的敬佩，对方主动要求与他做生意。

这桩看似轻而易举的生意，其实是与客户长期接触，赢得客户的信任与尊重而获得的。这其中，与潜在客户长期接触时的言谈尤其重要，不能流露出功利心，这也是托马斯取得成功的关键。

可见，强硬推销的结果必是遭到拒绝，而经过一段时间发展得来的关系才会更长久。作为推销员，不妨借鉴一下托马斯的做法，先取得潜在客户的信任，生意自然水到渠成。

用精确的数字让客户对你产生权威的感觉

一些时候，销售员对客户说了一大堆产品的好处，但客户还是无动于衷。这种时候，很可能是客户对你的介绍有所怀疑。最好的办法就是拿出一些精确的数据来说服对方。

在销售过程当中应用"数字化"的技巧，是非常重要的一个方法，因为你将产品利益数字化，或是特别强调数字（利益），则将会使你对产品的说明更清楚、明确且更具吸引力。

你可以这样说："……陈先生，您算一算，我们第一、第二年的贷款利率足足低了3%和2.15%，以您现在还有320万的余额计算，第一年就可以帮您省下96000元，第二年又省了68800

元；两年就已经帮您省了164800元……

"……我很骄傲地要跟陈先生分享一个事实，我们净水机的价格是很经济合理的。您试算一下，一般的品牌每半年就要换两支滤心，每次收费3000元，5年就要3万元；我们5年才需要12500元。所以，我们机器的价格虽然贵了6000元，但是，这样算一算，您还是省了11500元，不是吗？"

应用"数字化技巧"介绍你的产品，会给客户一种更加直观的利益感，这比泛泛地强调产品的好处要更生动、更形象。这种方法尤其适用于保险行业的电话行销，告诉客户一组组的数字，让他们自己比较，远比你口若悬河的说道强。

有两位销售员都给王先生介绍同一种产品——热水器。一天上午，小李花费了半个多小时的时间给王先生介绍自家产品是如何的好，结果王先生最后也没给他答复。同样，几天后，另一名推销人员小刘在例行的一些问候后，就告诉王先生她家的热水器一小时内可以省0.5度电，而且热能利用率比同类产品高出20%，价格上也便宜了95元钱。结果是，几天后小刘得到了王先生的订单。

试比较下面的两种说法：

不应用"数字化技巧"："……满期的时候，您可以领回一笔可观的满期金。"

应用"数字化技巧"："……满期的时候，您可以领回一笔300万元的满期金。"

如果一位做保险的销售员，在应用"数字化技巧"时，说出一组数据，再加上必要的电话行销技巧，是不是会比第一种不应用"数字化技巧"的说法，效果要好很多呢？

再漂亮的语言也比不上精确的数字生动，它更能打动客户的心。数字，尤其是用精确的数字来说服客户往往会收到惊人的效果，它可以说是最有效的武器。如果我们能牢牢地记住那些平常记不住的详细数字和长长的专用名称，做到脱口而出，从而给对方留下做过详细调查和有备而来的印象，令对方感到你是内行，那么再说服对方就容易得多了。

过去，日本前首相田中角荣就常用这一技巧。他有着超群的记忆力，从来不用"大约不到100万"之类的表达方法。比如说，他可以毫不迟疑地一口说定"978636元"。对方听后对他十分佩服，同时也认为他值得信任。

准确记住过去事件的发生日期，也有助于增强说服力。举个例子，一位优秀的记者对采访的对象不会讲出"今年3月左右，你曾经在北京见过××"之类的话，而是详细地指出"2006年3月12日下午3点到晚上7点，你在西城区×路×店见过××"，听起来仿佛当时他就在现场。如果使用模糊的语言，对方就会有逃脱的余地，而说得精确无误则会使对方大有陷入重围的感觉。

我们常被引入一个误区：认为口若悬河就能说服客户。

说服对方时与其滔滔不绝地说理，不如把它量化为可以计数的理论根据，用数据语言说服，这种谋略被称为"数据王牌"。

数据王牌独具魅力，是因为精确的数据代表着无可辩驳的事实，事实胜于雄辩，它反映了"物质"的内涵。这种魅力一旦形成，便会产生威信效应，使人们对它坚信不疑，乃至盲目趋同。这便是数据王牌的价值所在。

巧用小数点会使人深信不疑。一般做广告，常常采用最美好的语言，以此来提高商品价值，但是有一个广告却别出心裁，从头到尾只有一句话："本香皂纯度为99.44%。"广告一出，这个香皂的销路大增，令制皂商大大地赚了一笔钱。这个短小精悍的广告之所以成功，就是它妙用了数据。虽然消费者一般不会去计较小数点以后的数字，但这个数据尤其是小数点以后的数字，都含蓄地表示产品经过严密的科学验证，反映了香皂上乘的质量，因而会产生令人信赖的印象。相比之下，有的广告中采用什么"誉满全球""国优、部优、省优"，不但显得苍白无力，而且会使消费者产生逆反心理。我们且不问这条广告是否故弄玄虚，但是它采用了小数点，而且还精确到小数点后两位，因而这条广告赢得了消费者的信赖，获得了成功。

和客户沟通时如果我们能运用精确的数据，那么成交的概率就会大大增加。

比如我们和客户谈商品的使用寿命时，用"×年"，就不如"××时"来得有说服力。

中国人做事向来爱说"差不多"，很多事情就坏在这"差不多"上。为什么我们不能够精益求精呢？做事严谨、细致一点，这样的小细节，客户的眼睛是不会错过的。

第十章

善言更要善听：用80%的时间来听，用20%的时间来说

在对话中判断对方性格

任何一种客户的性格都要在我们进行分析后才会得出结论，分析来源于资料，资料来源于聆听。

许多销售人员把"你希望别人怎样待你，你就怎样对待别人"视为推销的黄金准则。问题是，业务员的性格和处事方式并非与客户完全一样，业务员按照自己喜欢的方式对待客户，有时会令客户不愉快，从而给成功投上阴影。业务员按照客户喜欢的方式对待客户，才会赢得客户的喜欢。

销售人员在面对一位潜在客户时，必须清楚地了解自己和客户的行为方式是什么，使自己的行为恰如其分地适合于客户的需要。销售人员要学会用客户希望的方式与其交往，要学会用人们希望的方式向他们推销，要学会调整自己的行为、时机选择、信息陈述以及要求成交的方式，以便使自己的行为适合于对方。

所以，在销售沟通过程中就要求销售人员及时分析客户的性格以便适应客户。一般情况下，我们可以将客户的性格特征和行为方式按照行事的节奏和社交能力分为四种类型，并分别用四种动物来表示：

一、老鹰型的性格特征

老鹰型的人做事爽快，决策果断，通常以事实和任务为中心，他们给人的印象是不善于与人打交道。这种人常常会被认为是强权派人物，喜欢支配人和下命令。他们的时间观念很强，讲求高效率，喜欢直入主题，不愿意花时间同人闲聊，讨厌自己的时间被浪费。所以，同这一类型的客户长时间交谈有一定难度，他们会对事情主动提出自己的看法。

由于他们追求的是高效率，他们的时间观念很强，所以，他们考虑的是他们的时间是否花得值；他们会想尽办法成为领先的人，希望具有竞争优势，向往"第一"的感觉，他们需要掌控大局，往往是领袖级人物或总想象自己是领袖级人物；对他们来说，浪费时间和被别人指派做工作，都是难以接受的。

二、猫头鹰型的性格特征

这类人很难让人看懂，做事动作缓慢。他们在交流中音量小，而且往往处于被动的一方，不太配合对方的工作。如果对方表现得很热情，他们往往会难以接受。

他们喜欢在一种自己可以控制的环境下工作，习惯于毫无创新的守旧的工作方式。他们需要与人建立信任的关系。个人关系、感情、信任、合作对他们很重要。他们喜欢团体活动，希望能参与一些团体，而在这些团体中发挥作用将是他们的梦想。另外要注意，他们不喜欢冒险。

三、鸽子型的性格特征

该类人友好、镇静，做起事来显得不急不躁，讲话速度往往适中，音量也不大，音调会有些变化。他们是很好的倾听者，也会很好地配合对方。他们需要与人建立信任关系。他们喜欢按程序做事，且以稳妥为重，即使要改革，也是稳中求进。他们往往多疑，安全感不强，在与人发生冲突时会主动让步，在遇到压力时，会趋于附和。

四、孔雀型的性格特征

孔雀型的人基本上也属于做事爽快、决策果断的人。但与老鹰型的人不同的是，他们与人沟通的能力特别强，通常以人为中心，而不是以任务为中心。如果一群人坐在一起，孔雀型的人很容易成为交谈的核心，他们很健谈，通常具有丰富的面部表情。他们喜欢在一种友好的环境下与人交流。社会关系对他们来讲很重要。他们给人的印象一般是平易近人、朴实、容易交往。

孔雀型的人做决策时往往不关注细节，凭感觉做决策，而且速度很快，研究表明，三次接触就可以使他们下决心。同时，他们也喜欢有新意的东西，那些习以为常、没有创意、重复枯燥的事情往往让他们倒胃口。

在销售过程中，我们可以依靠对方的声音要素和做事的方式来进行判断。但如果是第一次与客户交流，可能对客户的做事方式了解得还不够，所以，声音要素就成了我们在第一时间判断客户性格特征的重要依据。

怎样判断对方讲话的速度是快还是慢，声音是大还是小呢？一般来说，老鹰型的人和孔雀型的人讲话声音会大些，速度会快些，而鸽子型和猫头鹰型的人则相反。所以，通过对方讲话的速度和音量可以判断他是属于老鹰型和孔雀型的人，还是鸽子型和猫头鹰型的人。

对方是热情还是有些冷淡？对方在讲话时是面无表情呢，还是眉飞色舞？对方是否友好？一般来说，老鹰型和猫头鹰型的人，在交流中会让人觉得有些冷淡，不轻易表示热情，销售人员可能会觉得较难与其打交道；而孔雀型的人和鸽子型的人则是属于友好、热情的。

通过对话交流识别了客户的性格特征之后，我们应该尽可能地配合客户的性格特征，然后再影响他。举例来说，如果客户的讲话声音很大，我们也要相应提高自己的音量；如果客户讲话很快，我们也要相应提高语速。然后，我们再慢慢恢复到正常的讲话方式，并影响客户也将音量放低或放慢语速。

百般辨别，看透"石头"顾客

有些时候，尽管推销员做出很多努力，但仍无法打动顾客。他们明确地用消极的信号告诉你，自己并不感兴趣。推销员与其继续游说，不如暂停言语，相机而动。

一般来说，如果一个顾客明显做出下列表情，就说明他已经进入消极状态。

一、眼神游离

如果顾客没有用眼睛直视推销员，反而不断地扫视四周的物体或者向下看，并不时地将脸转向一侧，似乎在寻找更有趣的东西，这就说明他对推销的产品并不感兴趣。如果目光呆滞，则说明他已经感到厌倦至极，只是可能碍于礼貌不能立刻让推销员走开。

二、表现出繁忙的样子

假如顾客一见到推销员就说自己很忙，没有时间，以后有机会一定考虑相关产品；或者在听推销员解说的过程中不断地看手表，表现出有急事的样子，说明他可能是在应付推销员。

实际上，他很可能并没有考虑过被推销的产品，也不想浪费时间听推销员的解说。而如果推销员没有足够的耐心引导他进行购买，交易将很难成交。

三、言语表现

如果顾客既不回应，也不提出要求，更没让推销员继续做出任何解释，而是面无表情地看着推销员，说明顾客感到自己受够了，这个聒噪的推销员可以立刻走人了。

四、身体的动作

顾客在椅子上不断地动，或者用脚敲打地板，用手拍打桌子或腿、把玩手头的物件，都是不耐烦的表现。如果开始打呵欠，再加上头和眼皮下垂，四肢无力地瘫坐着，就表明他感到推销员的话题简直无聊透顶，他都要睡着了，即使推销员硬说下去，也只会增加他的不满。

面对顾客的上述表现，推销员可以做出最后一次尝试，向顾客提出一些问题，鼓励他们参与到推销之中。如果条件允许，可以让顾客亲自参与示范、控制和接触产品，以转变客户对产品冷漠的态度。如果客户的态度仍不为所动，则你可以尝试退一步的策略，即请顾客为公司的产品和自己的服务提出意见并打分。如果顾客留下的印象是正面的，或者下一次他想购买相关产品时，就会变成你的顾客。在这一过程中，一定要保持自信和乐观、热情的态度，不应因为遭到拒绝而给客户脸色看。

读懂客户的肢体语言

一个人想要表达他的意见时,并不见得需要开口,有时肢体语言会更丰富多彩。有人统计过,人的思想多半是通过肢体语言来表达的。我们对于他人传递的信息内容的接收,10%来自于对方所述,其余则来自于肢体语言、神态表情、语调等。

下面简要列举一些常见的肢体语言,希望能通过这样的破译助你和客户的沟通更加顺畅。

1. 客户瞳孔放大时,表示他被你的话所打动,已经准备接受或在考虑你的建议了。

2. 客户回答你的提问时,眼睛不敢正视你,甚至故意躲避你的目光,那表示他的回答"言不由衷"或另有打算。

3. 客户皱眉,通常是他对你的话表示怀疑或不屑。

4. 与客户握手时,感觉对方松软无力,说明对方比较冷淡;若感觉太紧了,甚至弄痛了你的手,说明对方有点虚伪;如感觉松紧适度,表明对方稳重而又热情;如果客户的手充满了汗,则说明他可能正处于不安或紧张的状态之中。

5. 客户双手插入口袋中,表示他可能正处于紧张或焦虑的状态之中。另外,一个有双手插入口袋之癖的人,通常是比较神经质的。

6. 客户不停地玩弄手上的小东西,例如圆珠笔、火柴盒、打火机或名片等,说明他内心紧张不安或对你的话不感兴趣。

7. 客户交叉手臂，表明他有自己的看法，可能与你的相反，也可能表示他有优越感。

8. 客户面无表情，目光冷淡，就是一种强有力的拒绝信号，表明你的劝说没有奏效。

9. 客户面带微笑，不仅代表了友善、快乐、幽默，而且也意味着道歉与求得谅解。

10. 客户用手敲头，除了表示思考之外，还可能是对你的话不感兴趣。

11. 客户用手摸后脑勺，表示思考或紧张。

12. 客户用手搔头，有可能他正试图摆脱尴尬或打算说出一个难以开口的要求。

13. 客户垂头，是表示惭愧或沉思。

14. 客户用手轻轻按着额头，是困惑或为难的表示。

15. 客户顿下颔，表示顺从，愿意接受销售人员的意见或建议。

16. 客户颔部往上突出，鼻孔朝着对方，表明他想以一种居高临下的态度来说话。

17. 客户讲话时，用右手食指按着鼻子，有可能是要说一个与你相反的事实或观点。

18. 客户紧闭双目，低头不语，并用手触摸鼻子，表示他对你的问题正处于犹豫不决的状态。

19. 客户用手抚摸下颚，有可能是在思考你的话，也有可能是在想摆脱你的办法。

20. 客户讲话时低头揉眼，表明他企图要掩饰他的真实意图。

21. 客户搔抓脖子，表示他犹豫不决或心存疑虑；若客户边讲话边搔抓脖子，说明他对所讲的内容没有十分肯定的把握，不可轻信其言。

22. 客户捋下巴，表明他正在权衡，准备做出决定。

23. 在商谈中，客户忽然把双脚叠合起来（右脚放在左脚上或相反），那是拒绝或否定的意思。

24. 客户把双脚放在桌子上，表明他轻视你，并希望你恭维他。

25. 客户不时看表，这是逐客令，说明他不想继续谈下去或有事要走。

26. 客户突然将身体转向门口方向，表示他希望早点结束会谈。

当然，客户的肢体语言远不止这些，平时善于察言观色的客服人员，再加上阅人无数的工作，一定可以总结出一套行之有效的方法。

洞穿客户的隐含期望

一些期望只有在没有得到满足的时候才会浮出表面，它们通常被理解为必然的或者是理所当然可以获得的。例如，我们期望周围的人要注意礼貌。只有当我们遇到一个特别粗鲁的人时才会表现出不满。类似的这些期望存在于潜意识中，因为只有当客户经历的服务低于特定的合理界限时，它们才会成为影响满意度的重要因素。

一家公司与它的客户之间的大多数互动和交往都发生在一定的范围之内，这使得大多数互动都成为了惯例。一般不会有什么东西使客户特别满意或者不满意。我们不会过多考虑这些遭遇。但为了让客户真的满意，以至于他们必定会回来并且对公司进行正面的口头宣传，公司必须超出他们的期望。公司必须做些事情吸引客户的注意力，诱使他们发出赞叹："哇！真的是没有想到！"

许多年前，巴诺斯先生有过一次令人激动的经历。当时是二月份，他从多伦多到 Halifax 去参加一个商务会议。傍晚的时候，出租车将巴诺斯先生带到了 Halifax 市中心的 Delta Barrington 酒店的门前。天色已经暗了下来，下着小雨，但他决定吃饭前痛痛快快地出去跑一会儿，于是就穿上运动衣绕着 Point Pleasant Park 跑了个来回。一个小时以后，他回到了酒店，这时他的身上已经湿透了。他希望能悄悄走进电梯而不要打扰其他的客人，因为客人们与一个浑身湿透、不停滴水的中年人一起乘电梯的时候会感到很不舒服。

当巴诺斯穿过大厅的时候，前台传来了一个声音："先生，我们能为您把衣服弄干吗？"他往传来这个意外问候的方向望去，发现一个服务生站在旁边。服务生走上前来，说道："巴诺斯先生，您明天不打算穿这些湿透的衣服进会议室吧？让我们帮您烘干它们吧。"这令巴诺斯感到惊奇，他向服务生表示感谢并且和他约定，会将这些还在滴水的运动衣和其他衣服，装在洗衣袋里放在房间的门外。

9点半左右的时候巴诺斯回到了房间，他的运动衣不仅已经烘干了，甚至还洗过熨好并且整整齐齐地放在床头！而这是他的运动服第一次被熨过。

我们中的大多数人作为客户的时候，不会将我们的标准或者期望毫无道理地提得很高，通常它们会得到满足，但并不会让我们喜出望外。同样，大多数公司并不能成功地做到让客户特别满意。大多数公司的工作是按部就班的。问题在于，如果你做的每件事情都是按部就班的，那么你做的可能是不够的。只有超出客户的期望，让他们惊叹，你才能做到高人一筹。

所以，我们在与客户接触的时候，一定要细心一些，多个心眼儿，多注意观察客户隐含的期望，适时地与他们的隐含期望相对接。

不懂换位思考，死缠烂打只会令人厌烦

向客户推介产品时，有些销售员自以为只要有毅力坚持下去，就可以顺利成交。然而，销售员的毅力和坚持却常常引起顾客的不耐烦，甚至把顾客吓跑。

在卖场的促销区出现了下面的场景：

"这位小姐，我们公司现在有个促销活动，如果您买了我们的化妆品，就可以享受一些优惠政策，比如免费旅游。"

"不好意思，我对这些优惠没有兴趣。我从来不买国产品牌化妆品，哪怕优惠再多，价格再低，都不会考虑的。我看重的是品牌和质量。"

"这个您不用担心，我们公司有专业的咨询师，他们会针对您的具体情况给您提供您需要的产品。"

"这种产品对我而言没有意义，没有必要去搞什么咨询。"

"我可以向您保证这种产品的质量绝对是一流的，而且还能免费旅游，机不可失，时不再来……"

"对不起，我还有事。"顾客头也不回地离开了。

这位销售员的错误在于：不设身处地地为客户着想，而是自以为是，喋喋不休，终于引起顾客的反感。他的产品介绍是"死"的，跟背台词似的，完全不考虑顾客的感受和反应。这是一种典型的错误推销。

很多推销员在推销产品时都会犯类似的错误。不清楚客户为什么要购买自己的产品，只认为把产品卖出去，自己拿到提成，就万事大吉了。于是他们把嘴巴当成喇叭，对顾客进行"广告轰炸"。殊不知，这种低级的推销手段早已过时，没人吃这一套了。

优秀的推销员要理解顾客关注的并不是所购产品本身，而是关注通过购买产品能获得的利益或功效。成功的推销员普遍具有一种很重要的品质，即积极主动、设身处地地为客户着想。站在对方立场去思考问题，才能了解客户的需求，才会知道客户需要什么，不需要什么。这样就能够比较正确而且也容易抓住推销的重点了。

当你为客户考虑更多，为自己考虑更少时，也许会被迫放弃部分眼前利益。不过，你会因此善举而获得更加长远的利益。处处为客户着想，不仅仅是想客户之所想，急客户之所急，而且还要让客户看到实惠，只有你为他办了实事，而且还最大限度地为他省了钱，你才能与客户保持长久的合作关系，并由此而提高你的销售业绩。

纵观那些业绩突出的推销员，他们之所以业绩出色，是他们的价值观念、行为模式比一般人更积极。他们绝不会死缠烂打、不厌其烦地介绍自己的产品，而是主动为客户着想，"以诚相待、以心换心"。这样才能赢得回头客，保持业绩之树常青。学会换位思考，是推销员对待客户的基本原则，更是推销员成功的基本要素。